泰山金融学者文丛

政府主导性对我国投资者保护的影响研究

孙莉 著

中国金融出版社

责任编辑：任　娟
责任校对：孙　蕊
责任印制：尹小平

图书在版编目（CIP）数据

政府主导性对我国投资者保护的影响研究（Zhengfu Zhudaoxing dui Woguo Touzizhe Baohu de Yingxiang Yanjiu）/孙莉著. —北京：中国金融出版社，2010.10

泰山金融学者文丛

ISBN 978-7-5049-5619-4

Ⅰ.①政…　Ⅱ.①孙…　Ⅲ.①国家干预—影响—证券—交易—研究—中国　Ⅳ.①F832.51

中国版本图书馆CIP数据核字（2010）第167700号

出版发行　中国金融出版社
社址　北京市丰台区益泽路2号
市场开发部　（010）63272190，66070804（传真）
网上书店　http：//www.chinafph.com
（010）63286832，63365686（传真）
读者服务部　（010）66070833，62568380
邮编　100071
经销　新华书店
印刷　保利达印务有限公司
尺寸　169毫米×239毫米
印张　8.75
字数　129千
版次　2010年10月第1版
印次　2010年10月第1次印刷
定价　15.00元
ISBN 978-7-5049-5619-4/F.5179
如出现印装错误本社负责调换　联系电话（010）63263947

本套丛书获下列基金资助：

山东省政府金融学“泰山学者”专项基金
山东省金融学重点学科建设基金
山东财政学院学位点建设专项基金
山财金融学院学术著作出版基金

“泰山金融学者文丛”专家委员会

总　序

“泰山金融学者文丛”是山东财政学院金融学院为集中展示一批学术研究成果而编辑出版的系列丛书。该套丛书的作者是一批来自泰山脚下、黄河之滨，有志于金融学科研究的年轻学者。他们的著作代表了山东省政府确立的金融学“泰山学者”特聘教授设岗单位的最新学术研究成果。该套丛书的出版，对于落实我校“学科立校”、“人才强校”的发展战略，繁荣学术研究，加快学术队伍建设，加强同学术界的交流，以及扩大我校的学术影响都有着重要的意义。

始建于1986年、由邓小平同志题写校名的山东财政学院，是在改革开放的春风里，由财政部和山东省人民政府共同创办、实行以地方管理为主的普通高等财经院校。2009年，被教育部确定为新增博士学位立项建设单位。金融学院作为一个重要的二级学院，已走过了23年的光辉历程，现设有金融学、保险学、金融工程、信用管理四个本科专业。此外，还设有一个金融学专业硕士学位点、一个资本运作研究中心和一个金融研究所。2001年，金融学专业正式获得硕士学位授予权。2005年，金融学进一步被确定为山东省重点建设学科。2007年，我校与济南市政府合作建立了金融外包服务培训基地及金融外包服务实验室。2008年，建成了中央与地方共建金融学特色优势学科实验室；同年，金融学专业又被评为山东省省级特色专业。现拥有《证券投资学》、《国际金融学》、《金融学》、《公司金融学》和《保险学》等多门省级和校级精品课程。2009年，被山东省政府确立为省内唯一的金融学“泰山学者”特聘教授设岗单位。

金融学院始终坚持以学科建设为中心，坚持教学改革，大力培养、引进人才，努力提高教学、科研水平和人才培养质量，积极发挥专业、学科优势，努力向社会提供专业服务，并形成了自身的学科优势和特色。现已为社会培养和输送了5 000多名优秀毕业生。其中，每年都有相当数量的毕业生或被国家政府机关和大型金融机构录用，或考取名牌大学研究生继续深造。经过多年的努力和建设，金融学院已成为山东省最大的金融类本科人才培养基地和重要的研究生培养基地。

为使该套丛书反映、代表我校金融学科建设和学术研究的最高水平，我们在书稿的遴选过程中，严格学术标准，规范评审程序，并建立了科学的评审机制，最终确定了入选该套丛书的书稿。丛书中的每部著作都凝聚了作者多年来潜心研究的心血和汗水，也展现了我们金融学院学人勇攀学术高峰的精神风采。

“泰山金融学者文丛”的顺利出版，得到了中国金融出版社的大力支持，在此表示衷心的感谢！在该套丛书的出版过程中，山东财政学院领导及相关部门领导高度重视，金融学院领导精心组织，各位作者积极配合，谨在此表示诚挚的谢意！

“泰山金融学者文丛”由于内容浩繁且涉及诸多金融前沿问题，缺点和错误在所难免，敬请读者批评指正。

“泰山金融学者文丛”专家委员会
二〇一〇年六月二十六日

前　言

本书所要研究的核心问题是在政府主导下的证券市场中投资者保护水平的变化特征及其对资源配置效率的影响。通过本研究，尝试回答以下问题：(1) 在存在自身利益的情况下，国家从攫取垄断租金转向供给产权保护的动力是什么？(2) 政府主导下的产权保护水平有着怎样的变化轨迹和特征？这种变化对资源配置效率产生了怎样的影响？(3) 在政府主导下的制度变迁过程中，产权保护水平的提升是否能够自我实施且具有可持续性？本书通过分析我国证券市场上中小股权投资者权利保护水平的变化事实，来尝试回答上述问题。

投资者保护是指通过法律保护中小投资者利益免受来自控股股东的侵害。既有的以发达国家资本市场为研究对象的文献在投资者保护与资源配置效率的关系问题上得出的结论是：投资者保护水平与资源配置效率正相关，即投资者保护水平高的国家，其资源配置效率也高。在我国，问题的特殊性在于：大多数上市公司是由国有企业转化而来的，投资者保护水平的选择在很大程度上是国家作为控股股东攫取控制权私人利益与供给产权保护扩大社会剩余之间进行权衡的结果，因此中国的投资者保护问题有别于其他国家或地区，具有特殊性。研究这一具有特殊性的问题，既可以拓展现有的关于投资者保护理论的研究范围，又可以将之作为一个案例，通过提炼总结，探求国家的目标收益的变化与产权保护之间的关系，扩展和丰富国家理论与产权保护理论。

本书的主要研究思路是：首先，对我国证券市场的投资者保护水平及其变化轨迹进行描述，实证分析变化轨迹对证券市场效率的影响，指出在中国证券市场上投资者保护具有显著的政府主导性特征；其次，对中国证券市场上投资者保护水平的变化过程进行理论解释，着重分析政府在投资者保护水平选择上的理论逻辑，提炼出国家的目标收益与所供给的产权保护水平之间的理论关系。

本书的大致结构和内容如下：

第一章为引言，提出本书所要研究的问题，介绍书中所使用的主要概念、研究方法等内容。

第二章从投资者保护与资源配置效率之间的关系、政府在产权保护中的角色两个角度进行了文献回顾，发现现有文献的研究主要集中在投资者保护的衡量指标、投资者保护水平对证券市场的影响、决定投资者保护水平的因素以及国家为什么要保护产权、国家保护产权的行为如何影响经济效率等问题上。

第三章从一般意义上介绍了投资者权利保护制度的构成、投资者权利保护的实现方式以及影响投资者权利保护水平的因素，并着重分析了政府在投资者保护中的双重角色。

第四章对我国证券市场的政府主导特征以及这一特征所决定的投资者保护水平及其变化轨迹进行了分析，发现在我国证券市场上，政府是在根据自身利益相机调控投资者保护水平，投资者保护水平存在波动性而不是持续地提升。投资者权利保护水平的波动对证券市场效率产生了影响，即当投资者权利保护水平上升时，证券市场效率随之提升；当投资者权利保护水平下降时，证券市场效率也随之下降。

第五章对中国证券市场上投资者保护水平的变化规律进行了理论分析。首先将国家的效用目标界定为垄断租金收益与社会剩余形成的税收收入双重目标。前者与投资者保护水平负相关，后者与投资者保护水平正相关。强势政府的共容利益导致了证券市场的制度变迁，在证券市场发展初期，强势政府根据投资者的参与约束与自己的目标收益确定投资者保护水平，投资者保护水平处于政府控制下的较低水平。随着证券市场在经济增长中的重要程度上升以及证券市场上各利益主体谈判能力的增强，政府调整自己的收益构成与实现收益的方式，使投资者保护水平得到提升。同时，由于对政府获取垄断租金利益的行为缺乏制度化约束，当获取垄断租金利益的紧迫性增加时，国家依然会侵害投资者的利益，所以我国证券市场上的投资者保护水平存在波动性。

第六章对全书进行了总结，并根据研究结论，结合后金融危机的背景，提出了一些完善中国投资者保护制度的政策建议。

贯穿全书的主要思想是：在政府主导的证券市场上，政府将根据自身利益以及实现自身利益的方式相机调节投资者保护水平，投资者保护水平在总体提升的趋势中存在反复、波动，并导致证券市场效率在总体提升的趋势中存在波动。

这一主要思想通过本书对中国证券市场上投资者保护水平的变化轨迹进行

的分析得到了验证。全文得出的主要研究结论是：政府所追求的两种收益之间存在着一定的统一性与可替代性。当政府攫取垄断租金收益的成本上升时，政府有动力通过行政手段推动自上而下的制度变迁，扩大对投资者权利的保护来实现资源配置效率的提升，从而实现国家目标收益不同构成部分之间的替代。强政府的共容利益使得从权力手中释放权利，从而使提升产权保护水平成为可能。在强势政府的主导下利用行政手段启动和推进渐进式制度变迁，可以促进资源配置效率的提高，随着制度变迁过程成长起来的各个经济主体的谈判能力的提升使其权利得到保障。不过，此时政府的强势又反而成为产权保护水平持续提升的潜在障碍。这一两难冲突能否解决，取决于能否实现经济制度变革与政治制度变革的互动。这一理论解释有助于我们重新理解国家目标利益与产权保护的关系，是对现有国家理论以及产权保护理论的延伸与扩展。

本书的主要创新之处是：（1）分析视角上的创新。对于投资者保护，已有的研究主要是从微观层次的公司治理角度，将投资者保护视为保护中小投资者（外部投资者）免受公司内部人（控股股东、经理）的侵害的法律制度的界定与实施，而本书着重探讨了国家目标收益及其变化对投资者保护水平的影响，采取的是一个更为宏观的制度变迁的角度。（2）研究结论的创新。本书从纵向角度考察了我国证券市场上投资者保护水平的变化及其对证券市场效率的影响，认为我国的投资者保护水平在总体提升趋势中存在反复与波动，这一结论有别于现有研究所得出的结论。（3）对现有理论的拓展。本书通过建立理论模型对投资者保护水平的变化进行分析，对有关国家目标利益与产权保护的关系的现有研究进行了梳理与再思考。一方面，本书验证了新制度经济学关于政府产权保护水平选择理论的判断；另一方面，本书也更加细致化地指出，产权保护水平的确认和提高一旦启动，就具有了不断自我巩固的内在动力。

目　录

第一章 引 言

第一节 研究背景与研究意义

一、研究背景

国家理论与产权理论是新制度经济学研究内容的重要组成部分。国家是产权保护的重要实施者，研究国家的目标收益与产权保护之间的关系，无疑对于理解产权保护水平的变化具有十分重要的意义。对以上问题的研究需要一个可行的切入点。我国证券市场上投资者保护水平的变化为研究这一问题提供了一个很好的视角。

首先，证券市场对于一国经济增长的重要性是不言而喻的，正如奥尔森所认为的，“在最繁荣的国家，资本市场、保险以及衍生产品和期货贸易量是如此之大和重要，以及资本的密集性和大规模的公司生产是如此广泛，以致这些国家的政府必须创造更多的市场而不是压制或者取代市场[①]”。我国证券市场在短短20年的时间里，有着惊人的发展速度与规模扩张，目前已经成为世界上重要的证券市场之一。根据中国证券监督管理委员会的统计，截至2007年底，上海、深圳证券交易所共有上市公司1 550家，总市值达32.7万亿元，相当于国民生产总值的132.6%，成为全球最大的新兴市场；2007年，股票市场首次公开发行4 595.8亿元，位列全球第一，日均交易额为1 903亿元，我国股票市场成为全球最为活跃的市场之一。[②] 证券市场作为一项基础性制度安排，是由各种层次的制度安排有机组成的制度架构，其内部的各项制度安排之间实现了协调与互动，共同服务于证券市场在经济运行与社会发展中的制度功能的发挥。证券市场制度可以被视为交易制度、组织制度、保障制度等一系列制度的综合体，

---

① ［美］奥尔森著，苏长和、嵇飞译：《权力与繁荣》，3～4页，上海，上海世纪出版集团，2005。

② 中国证券监督管理委员会：《中国资本市场发展报告》，77页，北京，中国金融出版社，2008。

这一系列制度彼此间应协调配合，而非掣肘，是证券市场正常运行与制度功能发挥的保障。其中，投资者保护制度是证券市场资源配置功能发挥的重要前提。

其次，与成熟的资本市场不同的是，我国证券市场的发展具有明显的政府主导特征，不仅政府的利益决定了证券市场的建立，而且政府把握、调节着证券市场的运行节奏与变迁方向。尽管温加斯特（Barry R. Weingast, 2003）认为，资本市场提供了为数不多的客观指标之一，可以用它来评价巩固有限政府的制度发生变迁所产生的功效，但确定无疑的是，我国政府具有强政府特征，证券市场在政府主导下，在短时间内获得了长足的发展。这使得我国证券市场上的投资者保护问题有其特殊性。

已有的关于投资者权利保护的研究主要是针对中小投资者与控股股东之间的利益冲突。在现代股份有限公司中，利益冲突不仅存在于股东与经理之间，而且存在于控股股东与中小投资者之间。控股股东的利益与中小投资者的利益并不完全一致，因而控股股东存在着侵害中小投资者利益、攫取控制权私人收益的倾向。投资者保护制度作为一种公共产品，指的是通过法律保护中小投资的利益免遭控股股东的侵害，从而维持其对证券市场的信心。

在我国证券市场上，相当数量的上市公司是由国有企业转化而来的，国有股在股份总量中占相当大的比重，因而股份有限公司中控股股东与中小投资者之间的利益冲突，在我国证券市场上就表现为国有股的持有者——国家与中小投资者之间的利益冲突。同时，国家又扮演着公共产品供给者的角色，是投资者权利保护的重要实施者。那么，国家在投资者保护中的这两种角色就决定了投资者保护水平必然受制于国家的目标，投资者保护水平的变化轨迹也就体现了国家的目标收益与产权保护水平之间的关系。所以，国外文献关于投资者保护的研究思路不能充分解释我国证券市场上政府主导下的投资者保护问题的特殊性。

通过研究我国证券市场上的投资者保护问题，我们可以尝试回答以下问题：（1）政府作为制度变迁的主导者，是如何协调其攫取垄断租金利益与供给包括产权保护在内的公共产品从而扩大社会剩余的收益之间的关系的？（2）国家从攫取垄断租金向供给产权保护转换的动力是什么？（3）政府主导下的产权保护水平是如何决定及变化的，对资源配置效率又产生了怎样的影响？（4）从国家权力手中向经济主体释放权利是否是可以自我实施的且是可持续的？对以上问题的回答，有利于理解国家的目标收益对产权保护水平的影响，探求产权保护水平得以持续提升的途径。

二、本研究的研究意义

首先，进行本研究，有助于从纵向角度考察投资者保护水平的变化对资源配置效率的影响。国外的研究通过使用跨国数据揭示了投资者保护水平与资源配置效率的关系：投资者保护水平与资源配置效率正相关，投资者保护水平高的国家，其资源配置效率也高。在一国证券市场的纵向发展过程中，必然伴随着投资者保护水平的变化。进行投资者保护水平的纵向变化与资源配置效率之间关系的研究，有助于扩展现有投资者保护与资源配置效率关系理论的维度。

其次，进行本研究，有助于丰富对投资者保护水平及其决定因素的现有研究。政府是投资者保护的重要实施者，在政府主导的证券市场上，国家效用目标必然影响投资者保护水平的确定。厘清国家作为公共产品供给者的角色以及国家作为控股股东获取垄断租金的行为对投资者保护水平的不同影响，对于正确理解我国证券市场上投资者保护水平的选择及其变化轨迹具有重要意义。投资者保护水平变化的中国特色可以充实现有产权保护理论。

再次，进行本研究，有助于实现国家理论与产权保护理论的内容衔接，而国家理论与产权理论恰恰是理解制度结构的两大基石（诺斯，1994）。通过刻画强政府主导下用行政手段推进的制度变迁过程中产权保护水平的变化轨迹，以及该产权保护水平的变化对经济效率的影响，可以重新梳理、思考国家的目标收益构成与国家供给产权保护的关系，从而延伸国家理论，使之更好地与现实中的产权保护问题相衔接。

最后，更为重要的是，进行本研究有助于以小见大，思考在后金融危机的时代背景下，对中国转轨模式中的政府角色进行反思，即反思为了保持中国经济增长的可持续性，是否应实现政府由资源的支配者到公共产品的供给者这一角色的转换。

三、对本书中主要概念的说明

（一）关于“投资者保护”

首先，关于投资者保护的对象。投资者保护指的是对哪些投资者进行保护，学者对此见解不一。例如，李振宁（2005）认为，投资者保护指的是保护作为弱势群体的社会公众投资者（public investor）；高志凯（2005）认为，法律对所有股东拥有的股票都一视同仁地予以保护。但按照大多数相关文献的说法，投资者保护指的是对中小投资者（minority investors）或外部投资者（相对于经理层或控股股东等内部人）的保护，或对参与公司治理程度较低的投资者（distant investor）的保护。本书沿用这一定义。之所以如此定义，是因为在本书中，将投资者持有的证券资产看做是投资者权利，投资者权利的完整界定是资源配置效率实现的前提条件，而在外部保护力量（法律、习俗等）一定的情况下，不同投资者实现自己权利的能力存在区别。相比较而言，中小投资者保护自己权利的能力较弱，更容易在利益边界上受到侵犯，因而投资者保护问题主要是指中小投资者保护问题。已有文献中的中小投资者包括中小股权投资者与债权人，本书侧重于研究股份有限公司中的中小股权投资者利益保护。

其次，在投资者所受利益侵害的来源方面，现有研究主要侧重于研究如何保护中小投资者免受控股股东的侵害，而陈琼华（2007）认为，可以将投资者保护分为两个层面：一是公司层面，公司的经营者和控股股东等通过公司行为对投资者造成损害；二是纯市场层面，在股票市场中上市公司之外的其他主体会对投资者造成损害。本书研究的投资者保护包括这两个层面，但主要指保护中小投资者免受来自控股股东的侵害。

最后，关于投资者保护的实施来源。现有研究主要侧重于投资者法律保护，即保护投资者的法律权利。本书也主要研究了国家通过法律法规实施的投资者保护，并在此基础上进行了扩展。所说的投资者权利是指投资者的经济权利，因此涉及投资者保护的不同实施来源，即包括来自国家的法律法规、政策实施的保护，除国家之外的其他第三方组织，如证券业协会实施的保护，以及公司层面自我实施的对投资者的保护。

（二）关于“证券市场”

本书中所指的“证券市场”，主要涉及基本证券品种的发行与交易市场，即股票市场与债券市场，不涉及期货、期权等衍生产品市场。

（三）关于“政府”

本书中所指的“政府”，主要指中央政府，并参照有关研究（黄少安，2000a）的做法，没有对“政府”与“国家”进行刻意区分，有时换用。

第二节 本书的框架与布局

一、基本研究思路

本书选取了政府主导下投资者保护水平这一视角来透视国家目标收益与产权保护的关系问题。以发达国家的资本市场为研究对象的文献研究指出，投资者保护作为对投资者权利的界定与实施，与资源配置效率密切相关。政府作为公共产品的供给者，是投资者权利的重要界定者与实施者，其通过颁布、实施法律法规等形式保护中小投资者的利益免遭控股股东侵害。政府自身利益必然影响其对投资者保护这一公共产品的供给水平。我国证券市场具有明显的政府主导性特征，政府主导下的我国证券市场在转轨过程中具有特殊功能，这一特殊功能使政府在证券市场上的地位具有两重性：一是作为控股股东，二是作为公共产品供给者。前者决定了其与中小投资者之间存在利益冲突，后者决定了其有动力实施投资者保护，从而提升资源配置效率。政府根据不同时期自身目标利益的构成、实现方式而相机调控投资者保护水平，证券市场上投资者保护水平在总体提升中存在波动，这种波动性对证券市场效率产生了影响：当政府提高投资者保护水平时，证券市场效率得以提升；当政府出于自身利益侵害投资者利益，投资者保护水平降低时，证券市场效率也随之降低。通过对投资者保护水平变化轨迹进行理论分析，可以得出以下结论：政府出于自身利益而利用行政手段推进的制度变迁由于其共容利益的存在，能够扩大对产权的保护，但也会由于其攫取垄断租金利益的紧迫性而侵害产权，从而导致产权保护水平的波动性。通过对我国投资者保护水平变化轨迹的理论解释，可以提炼出国家目标收益对产权保护水平的影响。强政府使得从国家权力手中向民间主体释放权利成为可置信的承诺，同时也成为产权保护水平持续性提升的潜在障碍。政府主导下制度变迁效率的可持续性，有赖于通过正式规则约束政府的行政行为对产权主体利益的侵害。

二、本书的主要研究内容

全书共分为六部分：

第一部分是引言，介绍本书的研究背景、研究意义、主要行文思路以及研究方法。

第二部分是文献综述。这一部分主要从以下两个方面进行了文献的回顾：首先，回顾了关于投资者保护的衡量指标以及投资者保护水平对证券市场的影响、投资者保护的影响因素的相应文献，主要目的在于理顺投资者保护影响资源配置效率的途径。其次，回顾了国家为什么要保护产权，以及国家保护产权的行为对经济效率的影响方面的相应文献，主要目的是为下文对国家效用目标主导的投资者保护水平的分析作铺垫。

第三部分介绍了投资者保护制度的构成及影响投资者保护水平的因素。投资者保护实质上是对投资者权利的界定与实施过程，在交易费用为零的新古典世界里，投资者权利可以得到完全的界定与实施，因而不需要制度的介入来实施投资者保护，而当交易费用不为零时，投资者权利的界定与实施的状况取决于制度的功能。如果制度功能是资源优化配置导向的，则投资者保护就表现为投资者权利的持续界定与实施过程，即减少不断出现的新的不确定性的制度展开过程，通过满足投资者风险与收益的无差异曲线而实现获利的制度创新过程，也表现为证券市场的深化与成熟化过程与基础制度安排的细化过程的统一。投资者权利的界定与实施分别可以是自我实施、国家实施与国家之外的第三方实施。投资者权利的边界在一定时期内是三种实施方式共同作用的结果。国家在投资者权利保护中具有双重作用：一方面，国家在投资者权利保护中的规模经济决定了其不可或缺；另一方面，国家与投资者权利的不对等性决定了国家有侵害投资者权利的激励。因此，国家对投资者权利的保护水平首先取决于国家的效用目标是否与社会福利目标相一致，其次取决于交易特征与国家的监督成本以及国家供给投资者权利保护制度这种公共产品的直接成本。

第四部分分析了我国证券市场的政府主导性、政府的主导性引起的证券市场的表现以及政府主导下投资者保护的性质与特征，并在此基础上，根据1999 年 7 月 1 日《证券法》实施后我国证券市场上政府影响投资者权利保护水平的标志性事件，对我国证券市场上的投资者权利保护水平进行了阶段划分，用证券价格中公司特定信息的含量这一指标表示证券价格引导资源配置的效率，考察了在不同阶段投资者保护水平的变化对证券市场价格引导资源配置的效率的影响。通过实证分析得出以下结论：政府主导下的投资者保护水平的变化与证券价格引导资源配置的效率存在相关性。当政府提升投资者保护水平时，证券价格中特定公司的信息含量提高，从而证券价格引导资源配置的效率得到了提高；而当政府为追求自身利益而侵犯投资者利益时，证券价格中特定公司的信息含量随之降低，从而证券价格引导资源配置的效率降低。这一实证结果一方面验证了国外研究的相关结论，另一方面也表明，我国证券市场上的投资者权利保护水平并非是随时间变化而趋于稳步提升的，而是在总体趋于提升的过程中存在着反复与波动，这一反复与波动引起了证券市场效率的波动。

第五部分建立了一个关于政府效用函数最大化下投资者权利保护水平选择的理论分析框架，对我国证券市场上投资者保护水平的变化特征进行了理论解释，提出政府主导下的证券市场制度变迁过程对于投资者保护水平的选择表现为以下过程：在证券市场建立初期，市场主体的力量尚未成长，因而投资者保护水平取决于政府攫取控制权收益并保持投资者的参与约束，投资者保护水平较低；随着外部经济环境的变化以及证券市场在经济增长中的重要性的增加，不同利益主体的成长对政府主导证券市场的能力构成制约，政府攫取租金的成本日益上升，保护投资者权利的收益逐步增加，因而投资者保护水平得到提升。这说明，产权保护水平的提升一旦启动，就具备自我巩固的内在动力。但是，在对政府权力缺乏制约的情况下，政府会根据自身攫取短期利益的紧迫程度而相机调节投资者权利保护水平，因而投资者权利保护水平又存在着波动与反复。

在以上分析的基础上，第五部分总结提炼了政府的目标利益和产权保护的关系，提出强政府出于自身利益而主导制度变迁在一定程度上是可以与产权保护水平的扩大进而与制度变迁的效率取向相容的。这是由政府的共容利益以及在政府推动制度变迁过程中所形成的利益主体的发展壮大，进而维护自身利益的努力所决定的。强政府是产权保护水平得以提高的保障，同时也是产权保护水平持续提升的潜在障碍。要克服这两难冲突，需要通过对政府权力的正式制度性约束，经历一个资源分配、经济制度、实际政治权力以及名义政治权力相互作用的渐进过程。

第六部分对全书内容进行简要的回顾与总结，最后提出了提升投资者保护水平的建议。

三、本书使用的主要研究方法

（一）个人主义的方法论

本书秉承“经济人”假设，采用个人主义的分析方法，将国家视为一个追求自身利益最大化的个体，进行成本—收益比较分析。

（二）规范分析与实证分析相结合的方法

本书在对我国证券市场进行具体事实描述的基础上提出理论假设，并使用我国证券市场的交易数据对理论假设进行计量检验，在分析结论的基础上提出政策建议。

（三）逻辑推理与历史分析相结合的方法

本书通过对我国政府主导下证券市场具体发展历程的描述分析，归纳提炼出相应理论，并运用事实来验证理论。

第三节 本书的主要创新之处及下一步的研究方向

一、本研究的主要创新之处

本书在前人研究的基础上，运用国家理论及产权经济学理论，通过审视我国证券市场上投资者保护水平的选择问题，对国家目标收益与产权保护水平之间的关系进行了探索。与以往的研究相比，本书的创新之处主要体现在以下几点：

（一）分析视角上的差异

对于投资者保护，已有的研究主要是从微观层次的公司治理角度，将投资者保护视为保护中小投资者（外部投资者）免受公司内部人（控股股东与经理）的侵害的法律界定与实施，因而主要从公司治理层面探讨如何保护中小投资者利益不被内部人侵害，如提高股权制衡度（修宗峰，2008）。本书着重探讨了国家效用目标及其变化对投资者保护水平以及对资源配置效率的影响，因而拓展了现有研究关于投资者保护理论的视野与层次。

（二）研究结论的进一步细化

本书以我国投资者保护水平的实践为研究对象，系统分析了政府主导下投资者保护水平的变化轨迹及其形成因素。与已有的观点将我国证券市场视为一个制度建设不断完善的过程（沈艺峰、许年行、杨熠，2004）因而也是市场效率不断提升的过程（游家兴、张俊生、江伟，2006）不同，本书在肯定这一结论的基础上进一步分析认为，我国证券市场的制度建设的完善以及所引起的市场效率的变化，在总体趋于提高的过程中，存在着反复与波动的特征，并对这一特征的形成原因进行了理论诠释，因而本研究是对既有研究的深化。

（三）对现有理论的拓展

本书以政府主导下我国证券市场上投资者保护水平的变化轨迹为研究对象，探索了国家的目标收益与产权保护水平变化之间的关系，充实了现有国家理论与产权保护理论。

二、有待于进一步研究之处

在本书研究的基础上，以下几个方面值得以后进一步探索：

（一）地方政府的利益如何影响投资者保护

在制度变迁过程中，地方政府是一个重要的利益主体，其利益在一定程度上独立于中央政府利益。本书只针对我国中央政府在证券市场上的效用目标及其对投资者保护水平的影响进行了分析，没有对证券市场上中央政府与地方政府之间的关系，以及这一关系的变化如何影响证券市场制度变迁及投资者保护的问题进行深入的研究。

（二）不同利益集团的游说行为对投资者保护的影响

本书只研究了国家如何协调自身利益与供给投资者保护这一公共产品之间的关系，以及如何使国家对投资者的保护成为一种可置信的承诺，没有对存在利益冲突的利益集团进行细分。奥尔森（2005）认为，即使在个人权利保护得最好的社会，另一种形式的掠夺可能而且确实经常发生，即通过游说活动或通过卡特尔化或共谋行为。因此，当不存在国家的租金掠夺时，公司内部人与外部投资者之间也面临着利益冲突，从而各自也会向政府游说，以求降低（提升）投资者权利的保护水平。由于公司内部人可以动用公司资源来为自己的游说活动筹资，自己无须承担全部游说成本，投资者权利的保护水平仍会处于次优状态（Lucian A. Bebchuk and Zvika Neeman，2007），本书没有对此进行深入探讨。

第二章 投资者保护对资源配置的影响及政府在产权保护中的角色：文献综述

第一节 投资者保护对资源配置的影响

一、关于投资者保护水平的衡量

（一）投资者保护水平的衡量指标

目前，对投资者保护水平的研究，主要是从公司治理角度研究在信息不对称的情形下，如何防范外部投资者受到来自内部人（包括控股股东与经理层）的掠夺问题。因此，保护中小投资者免受内部人出于自身利益而进行掠夺的能力越强，投资者保护水平越高。在其开创性的论文“Law and Finance”中，拉伯塔等人（Rafael La Porta，Florencio Lopez - de - Silanes，Andrei Shleifer and Robert W. Vishny，LLSV，1998a）设计了衡量投资者保护水平的指标。从他们的设计思路看，主要是从投资者法律权利的界定与法律实施两方面来对投资者保护水平进行衡量。前者包括一股一票权（one - share - one - vote）、抗董事权利指数(anti - director rights）与强制股息（mandatory dividend)。其中，抗董事权利指数由以下六项权利构成[①]：（1）邮寄投票权，即股东是否可以通过邮寄选票的形式参加股东大会投票；（2）股东大会前无限制出售股份权，即股东在股东大会召开前是否必须把股票存放于公司或金融中介而不允许转让；（3）累积投票权或比例代表权，即是否允许累积投票选举董事，从而使中小股东有更大的可能将自己的代表选入董事会；（4）受压少数股东机制，即是否存在允许小股东反抗董事会的立法机制；（5）优先认股权；（6）要求召开临时股东大会所需的股份比例，即召集临时股东大会要求的股份比例越高，越不利于小股东组织大

① 在其后续的研究中，Simeon Djankov、Rafael La Porta、Florencio Lopez - de - Silanes 和 Andrei Shleifer（2005）对这一指数的赋值方式进行了修正。

会以应对管理层。在投资者保护的法律实施方面，主要通过以下五个指标外加会计标准的质量（quality of a country's accounting standards）进行衡量：司法系统的有效性（efficiency of the judicial system）、法律规则（rule of law）、腐败（corruption）、政府剥夺风险（risk of expropriation）与政府否认合约的可能性（likelihood of contract repudiation by the government）。此后，Simeon Djankov、Rafael La Porta、Florencio Lopez-de-Silanes 和 Andrei Shleifer（2005）出于关联交易是内部人剥夺中小股东的重要手段的考虑，又提出了抗关联交易指数（anti-self-dealing index）。这一指数由事前的关联交易私人控制指数（ex-ante private control of self-dealing）与事后的关联交易私人控制指数（ex-post private control of self-dealing）平均而成，它与抗董事权利指数、招股说明书披露（disclosure in the prospectus）、招股说明书义务（prospectus liability）一起，被认为是股东保护的四个衡量指标，且高度相关，各有侧重。

（二）对投资者保护水平衡量指标的评价

1. 从法律保护角度衡量投资者保护水平，其优势在于：如果一个国家关于投资者保护的法律条文是清晰明确的，那么其执法效果在一定程度上也是可观测的，因而从法律角度度量投资者保护水平，便于进行投资者保护水平的跨国横向比较研究。

2. 拉伯塔等人对投资者保护水平的衡量指标虽广为随后的文献（Randall Morck，Bernard Yeung and Wayne Yu，2000；Rene M. Stulz and Rohan Williamson，2001；Galina Hale，Assaf Razin and Hui Tong，2006 等）所引用，但也存在一些局限性。主要表现为：

（1）将法律权利等同于投资者的经济权利。根据阿尔奇安（Armen Alchian，1965）对产权的定义，产权是“个人使用资源的权利……其受到来自礼仪、社会风俗、约束以及以国家暴力或惩罚为后盾的正式行使的法律的支持”。[①] Kreps（1990）认为，产权的这一定义涵盖广泛，既强调了产权的法定权利的一面，又强调了文化、声誉等规制（商业）行为的社会惯例的一面。巴泽尔（1997）区

---

① 原文是：“the rights of individuals to the use of resources … supported by the force of etiquette, social custom, ostracism, and formal legally enacted laws supported by the states' power of violence or punishment.” 本处译文参考了盛洪（2003）。

分了产权的经济概念与法律概念，认为产权更为中肯的含义是经济权利。① 巴泽尔认为，法律权利并不等同于经济权利，尽管法律权利能够增强经济权利，但是法律权利既非经济权利得以存在的必要条件，也非充分条件。

从历史上来看，投资者权利的产生应在法律界定其权利之前。“现在金融制度……开始时是作为法外的有自治权的市场发展起来的。……当然法律制度也及时跟着发展起来并与之互为补充；以至现今金融制度的运行不能不通过法律形式，甚而本身便包含在法律上规定的各种制度以内。”② 此外，根据巴泽尔（2006）的观点，法律权利的存在并不必然说明经济权利得到了很好的界定，而在不存在法律权利的情况下，经济权利也可以存在。当某项权利对个体来说具有正的净价值，从而自己来实施保护时，他就具有了经济权利。法律权利是国家同意保护的权利，其存在与否取决于保护的成本。因此，在法律权利相同的情况下，投资者实际享有的权利可能是不同的。首先，公司的资产特征会形成不同的投资者保护效果。Charles P. Himmelberg、R. Glenn Hubbard 和 Inessa Love（2002）就指出，难以被偷窃的资产提供了一种嵌入式（build in）的投资者保护，而诸如内部人关于产品市场的累积性知识这样的资产，当这些雇员离开公司自己创业时就容易被侵占。其次，投资者保护直接受制于公司治理，而公司治理在适应法律环境方面具有一定的灵活性，因此在投资者法律保护较差的国家，公司可以改善其治理情况，从而独立地在某种程度上强化其投资者保护与中小股东权利，并因而提升其绩效与价值，尽管这种调整机制是一个次优选择。Craig Doidge、G. Andrew Karolyi 和 Rene M. Stulz（2004）通过将投资者保护区分为国家提供的投资者保护（investor protection granted by the state）与公司提供的投资者保护（investor protection adopted by the firm），也得出结论：在国家实施投资者保护的基础上，公司根据成本—收益比较来决定选择什么程度的投资者保护水平的提升。

（2）不能准确刻画纵向的投资者保护水平的变迁。上述对投资者保护水平的衡量指标中，某些指标在一个国家是经年不变的。例如，Lee Pinkowitz、Rene M. Stulz 和 Rohan Williamson（2003）在实证研究中发现，在其研究区间即

① 本处阿尔奇安对产权的定义、Kreps 对该定义的评论以及巴泽尔（1997）的观点均转引自 Jongwook Kim 和 Joseph T. Mahoney（2005）。

② ［英］约翰·希克斯著，厉以平译：《经济史理论》，71 页，北京，商务印书馆，1987。

1988—1999 年，有很多国家的抗董事权利指数与政府剥夺风险是不变的。因此，这种投资者保护水平的衡量指标不能细致刻画出一个国家的投资者保护水平在不同时期的纵向变化情况。

（3）对投资者保护含义的界定较为粗糙。Pistor（2000）在研究转轨国家法律变迁的模式时，就意识到 LLSV 的投资者权利衡量指标过于粗线条。例如，在衡量股东权利时，没有区分大股东与中小股东的冲突、股东与管理层之间的冲突。因此，Pistor 在 LLSV 提出的投资者权利衡量指标的基础上进行了修订与扩展：在股东权利方面，他增补了 VOICE、EXIT、ANTIMANAGE、ANTIBLOCK 与 SMINTEGR 五个指标；在债权人权利方面，他增补了 CREDCON、REMEDY 与 COLLAT三个指标。

二、投资者保护水平对资源配置的影响

根据 La Porta 等人（1999a）的总结，投资者保护水平对以下方面构成影响：公司所有权类型、金融市场发展、股息政策以及真实资源的配置。下文主要从公司层面与证券市场整体层面两个角度进行相关文献的回顾。

（一）投资者保护水平对公司层面变量的影响

1. 投资者保护水平影响公司的所有权集中度

La Porta 等人（1998）通过对 27 个富裕国家的大公司的所有权结构进行考察，发现不同国家的公司的所有权结构是对其所在国家的法律环境的反应：一国公司的所有权集中度与该国对投资者的法律保护质量负相关，高度集中的所有权结构是对弱投资者保护在公司治理层面的适应性反应。除非在投资者保护水平较高的国家，广泛持股并不常见，通常为家族或政府控股。投资者保护水平影响公司所有权集中度的机制是：在投资者保护水平较高的国家，中小股东知道当他们不能直接影响公司决策时，法律会保护他们的投资不被控股股东所掠夺，所以他们愿意为股票支付较高的价格，因而控股股东愿意以股权方式融资，降低其所有权比重。此外，拥有好的股东权利保护时，控股股东无须担心自己失去控制权时会成为被掠夺的对象。

La Porta 等人所考察的是在一个时点上不同国家的投资者保护水平与公司的股权集中度之间的关系。C. Fritz Foley 和 Robin Greenwood（2008）在这一研究的基础上进一步研究发现，在公司首次公开发行股票（IPO）之初，在投资者保护

水平不同的国家，公司股权集中度之间的差异不大，而随着公司 IPO 后时间的推移，公司的股权集中度在投资者保护水平高的国家里更多地呈现出下降趋势，这一下降趋势是对公司增长机会的反应。

对 La Porta 等人的观点，Mike Burkart 和 Fausto Panunzi（2006）提出了质疑。他们认为，法律对股东的保护不仅影响经理（包括大股东）转移公司资源的容易程度，而且影响大股东的监管激励，两者共同决定了法律保护与股权集中度之间的关系：当法律保护便利了监管时，更好的法律保护强化了监管激励，股权集中度与法律保护反向相关，但是当法律保护与监管是替代关系时，更好的法律保护弱化了监管激励，从而股权集中度与法律保护之间的关系是非单调的。

2. 投资者保护水平影响公司价值

在对投资者法律保护水平与公司的股权集中度的关系进行研究的基础上，LLSV（1999b）考察了投资者保护水平与公司价值之间的关系。他们使用托宾 Q 值与价格现金流比率作为公司价值的衡量指标，将 27 个富裕国家的 371 个大公司作为样本，发现增强投资者保护有助于提升公司价值：如果投资者的权利得到较好的保护，外部投资者将愿意为其所持有的金融资产支付较高的价格，投资者保护水平越高的国家，其公司价值越高。

3. 投资者保护水平影响公司的股息支付水平

公司为什么支付股息？为了解决代理角度的“股息之谜”（dividend puzzle），LLSV（1998b）建立了两个股息的代理模型：“成果”模型（the outcome model）与“替代”模型（the substitute model）。前者认为，股息是有效的投资者保护的成果，较强的投资者保护导致较高水平的股息支付。后者认为，公司内部人之所以支付股息，是为了形成一种公平对待投资者的声誉，以备公司将来可以进一步进行股权融资。投资者权利降低了对这种声誉机制的需求，因而公司将支付较少的股息。在对世界上 33 个国家的投资者保护水平不同的 4 000 家公司的股息支付情况进行分析后，LLSV 认为应该支持“成果”模型，即在拥有好的投资者保护的国家，公司支付较高的股息。此外，在投资者保护较好的国家，增长快的公司支付的股息比增长慢的公司要低，因为对股东实施较强的法律保护使之在面临好的投资机会时愿意等待股息；相反，权利没有受到良好保护的股东更愿意拿走他们可以拿走的任何股息，而无视投资机会。

4. 投资者保护水平影响公司的总资产中现金所占的比重

Lee Pinkowitz、Rene M. Stulz 和 Rohan Williamson（2003）研究发现，在投资者保护不力的国家，公司会持有更多的现金。运用权衡理论与代理理论都可以得出上述结论。权衡理论假设经理最大化公司价值，在投资者保护不力的国家，公司更可能面临政治干预或法律、秩序不连续所导致的混乱。代理理论假设在投资者保护乏力的国家，控股股东有动力作出决策，以从控制权中剥夺更多的私人利益，因为剥夺现金比剥夺固定资产更为容易，所以在投资者保护乏力的国家，公司持有更多的现金。Lee Pinkowitz、Rene M. Stulz 和 Rohan Williamson 通过检验公司持有的流动资产与公司价值之间的关系，发现在投资者保护弱的国家，公司持有的流动资产对投资者股份的价值较小，从而表明代理成本在中小股东评价公司持有的现金时扮演了重要角色。

5. 投资者保护水平影响内部人报告会计信息的真实性

斯韦托扎尔·平乔维奇（Svetozar Pejoich，1999）认为，经理可以通过在职消费等形式侵占投资者的利益，从而使得报告利润低于真实利润。Christian Leuz、Dhananjay Nanda 和 Peter D. Wysocki（2003）认为，在业绩好的年度使报告收益低于真实收益只是内部人掩饰控制权私人收益的一种形式，内部人也会夸大（overstate）收益，以隐藏可能会诱发外部人干预的亏损，即在投资者保护不力的国家，内部人通过管理报告收益的水平与可变性（variability）来掩饰其控制权私人收益、降低外部干预的行为较为普遍。

6. 投资者保护水平影响 CEO 更换与公司业绩之间的敏感性

Mark L. Defond 和 Mingyi Hung（2004）研究发现，在投资者保护水平高的国家，公司业绩差的 CEO 更有可能被更换。这两者之间的关系主要通过较有力的投资者保护措施来实现，而广泛的投资者保护法律条文与 CEO 更换对公司业绩的敏感性关系不大。

7. 投资者保护水平影响公司的风险承担程度

Kose John、Lubomir Litov 和 Bernard Yeung（2008）通过对 39 个国家 1992—2002 年的数据进行实证分析，验证了以下假设：低的投资者保护水平通过以下途径影响公司的风险承担（risk - taking），即在投资者保护水平低的国家，公司内部人将其大部分财富投入公司，他们比外部投资者希望的更趋于保守性投资，因而放弃正的净现值投资；内部人还会忽略那些有风险但会带来价值提升的项目以保护他们预期的私人利益，更好的投资者保护降低了预期的私人收益水平，使内部人的风险厌恶程度降低。当投资者保护水平低时，公司的非股权利益相关者，如银行、工会、政府等，会限制公司有利于价值提升的风险承担行为，以保护它们的利益。同时，Kose John、Lubomir Litov 和 Bernard Yeung 又实证了风险承担与增长速度之间的关系，即更好的投资者保护导致更快的增长。Castro、Clementi 和 Macdald（2004）利用一个扩展的 Diamond 代际交迭资本积累模型，考察了投资者保护对经济增长与福利的影响，认为投资者保护与经济增长的关系依赖于两个相反的效应：需求效应与供给效应。需求效应使投资者保护与经济增长正相关，供给效应使投资者保护与增长负相关，而投资者保护对经济增长的净效应如何，取决于跨国资本的可流动性。在那些资本流动限制少的国家，投资者保护对经济增长的影响的正效应较大。

（二）投资者保护水平对证券市场整体层面变量的影响

1. 投资者保护水平影响一国资本市场的规模与广度

在回答为什么有些国家拥有比其他国家范围更广、规模更大的资本市场这一问题时，LLSV（1997）认为，较高的投资者保护水平可以抑制内部人对投资者的掠夺，使投资者以更好的条件为企业家融资，从而提升公司以股权或债权形式筹集外部资金的能力，因而拥有更好的投资者法律保护的国家，将是拥有更多外部融资的国家，表现为更高市值、更有宽度的资本市场。LLSV 以股市市值与 GNP 的比率、每百万人口国内上市公司数量、百万人口 IPO 数量衡量股票市场的规模与广度，以银行的私人债务与非金融企业的债券面值之和与 GNP 的比率衡量债务市场的规模，使用 49 个国家作为样本，通过跨国回归分析得出结论：投资者保护水平较差的国家，其资本市场规模小，范围狭窄。Marco Pagano 和 Paolo Volpin（2005a）认为，投资者保护与股票市场发展之间是相互促进的关系：好的投资者保护诱使公司发行更多的股票，形成更为广阔的股票市场；反之，股票发行扩大了股东基础，从而增加了对投资者保护的支持。这一反馈机制导致多重均衡，均衡产生时，投资者保护与股票市场规模正相关。随着跨国并购活动的开展，各国的投资者保护水平将向高标准趋同。

那么，又该如何解释在那些实质上不存在中小投资者保护的国家里，公司的外部融资行为呢？Andrei Shleifer 和 Robert W. Vishny（1996）认为，尽管现有证据不能令人满意地说明为什么在投资者保护水平极低的国家里外部融资的存在，但也存在几个可能的解释：首先，声誉效应与对很快回到资本市场再融资的预期使公司保持良好的行为；其次，在经济高速增长的国家，投资回报率超过了内部人掠夺率；最后，在经济高速增长中的投机泡沫与投资者过度客观也有利于外部融资。

关于投资者保护与资本市场的广度与深度的关系，即孰为因、孰为果，也存在着不同见解。例如，Craig Doidge、G. Andrew Karolyi 和 Rene M. Stulz（2004）认为，在发展滞后的国家，由于资本市场缺乏深度，公司从提升治理水平中得到的收益较低，因此缺乏激励提供更好的治理。

2. 投资者保护水平影响股票市场价格的同步性

所谓股票价格的同步性，是指在某一给定时间内（如 1 个星期、1 个月等）股票市场上各种股票价格向同一方向（上涨或下跌）运动。如果在给定时间内同时上涨或同时下跌的股票的数量占全部股票数量的比重大，则说明该股票市场具有较强的同步性。Randall Morck 等人（2000）发现，新兴市场国家（低收入国家）的股票市场比发达国家（高收入国家）的股票市场具有更高的同步性。他们认为，尽管市场规模、基本面的易变性、国家规模、经济多元性或公司层面的基本因素的同步性等结构性特征中的某些因素有助于解释这一点，但理由并不充分。他们提出一个假说：股票市场价格的同步性与人均收入的负相关缘于低收入国家没有为私人产权提供充分的保护，产权保护程度影响了股票市场价格的同步性。他们认为，坏政府（bad government）可以通过经济基本面以外的其他渠道影响股票市场价格的同步性。通过将制度因素与金融理论糅合，Morck 等人对产权保护与股市价格同步性之间的关系进行了诠释：政治因素、私人产权保护不力等会降低风险套利者进行信息充分的风险套利交易的激励，从而为噪音交易（noise trading）创造空间，后者会导致更大的股市价格同步性。在理论诠释的基础上，Morck 等人对这一理论假说进行了实证检验。他们借鉴 La Porta 等人（1998c）的研究，构建了“好政府指数”（good government index），以衡量一国统治者对私人产权的尊重程度，检验结果显示：好的私人产权保护降低了股价的同步性。股价同步性的指标可以分解为市场总体因素引起的波动与公司特定因素引起的波动，通过对发达国家的子样本进行分析他们发现：在对投资者抵御内部人侵犯的权利保护不足的国家，公司利润的转移较为容易，会降低风险套利者对公司特定信息的搜集激励，从而导致较少的公司层面的信息进入股价，而公司层面的信息在股价中的含量与股价同步性负相关，即投资者保护水平影响股价的同步性。

股票价格的同步性可以作为衡量股票市场价格引导资源配置效率的一个指标。股票价格的同步性越高，说明价格中特定公司的信息含量越低，因而价格引导资源配置效率的效果越差。Wurgler（2000）进一步探索了投资者保护与实体经济的资源配置效率的关系，发现金融市场变量有助于解释跨国的资源配置效率差异，从而揭示了金融市场促进实体经济发展的一种特定机制——拥有发达金融市场的国家，在增长行业投资更多，在衰退行业投资更少。他还实证检验了实现这一机制的三个具体渠道：资源配置效率与国有经济的范围负相关，与股票回报中所包含的公司特定信息的含量正相关，与中小投资者的法律保护正相关。特别值得强调的是，强化对中小投资者的保护有利于遏制对落后行业的过度投资。

3. 投资者保护水平影响依赖外部融资行业的进入率

Enrico Perotti 和 Paolo Volpin（2007a）构建了一个模型，预测并实证检验了这样一个关系：在投资者保护更好的国家，对外部融资有更高依赖性的行业进入更多，从而有效的投资者保护与高度依赖外部融资的行业内部的高度竞争性相关联。Enrico Perotti 和 Paolo Volpin 对行业的划分标准进行调整，不是按照对外部融资的依赖程度，而是按照行业的增长机会进行分类，他们得出了同样的结论：在投资者保护好的国家，拥有更多增长机会的行业进入更多。

通过以上文献研究我们可以看出，投资者保护水平主要通过两个途径影响资源配置效率：首先是从公司层面上，投资者保护水平的提高会增加公司内部人以股东利益为代价追求自身利益的成本，使其行为与股东利益最大化相一致，抑制其对落后行业的过度投资，从而加快资源由落后行业向增长行业的流动，促进资源的优化配置；其次是从证券市场整体层面上，投资者保护水平的提升会增加内部人转移利润的成本，增强公司信息的可信度，使公司的报告利润等于其真实利润，从而一方面充分发挥利润引导资源流动的信号作用，另一方面激励风险套利者搜集公司特定信息，使股价中公司特定信息的含量增加，股价的同步性降低，充分实现资本市场传递信息的功能，引导资源实现最优配置。这与思拉恩·埃格特森（2004）的思想相吻合：一种经济的结构性生产边界是否趋近于技术性生产边界，依赖的因素之一是目前和将来所有权能被清晰界定的程度及被安全保护的程度，以及今后是否能够以较低成本并且有秩序地解决有关所有权和履约方面的争端。

以上的文献所具有的共同特征是：都使用了实证的方法研究了投资者保护水平与公司治理或证券市场的某一方面之间的关系。那么，这些受投资者保护水平影响的各个方面彼此之间是否是孤立或排斥的？Andrei Shleifer 和 Daniel Wolfenzon（2002）针对这一点，建立了一个投资者保护（股东权利保护）法律环境下公司治理的市场均衡模型，从理论上证明，在一定的假设前提下，股东权利保护更好的国家，公司规模更大，数量更多，价值更高，股息支付水平也更高，所有权集中度更低，股票市场更发达，资本配置更优，从而将上述对投资者保护影响的不同侧面的研究有机地统一了起来。Rui Albuquerue 和 Neng Wang（2008）认为 Andrei Shleifer 和 Daniel Wolfenzon 所提出的这一模型是静态的，因此他们建立了动态随机一般均衡模型，提出了投资者保护水平与一系列经济变量之间关系的假设并进行了检验。他们认为，不完善的投资者保护会激励控股股东过度投资（overinvestment），当存在投资的边际效率冲击（shocks to the marginal efficiency of investment）的情况下，较多的投资导致较高的资本积累波动性，而较高的资本积累波动性又导致了较高的均衡风险溢价。同时，较高的投资水平形成未来较高的产出，预期到这一点，经济主体的消费平滑动机使之借贷，从而提高了利率，而且较高的投资使资本积累更易于波动，增加了谨慎性储蓄欲望，从而会降低利率。前者的效应占优，故投资者保护水平较低时，利率较高。此外，Charles P. Himmelberg、R. Glenn Hubbard 和 Inessa Love（2002）从另一个研究视角将投资者保护影响的公司层面与证券市场整体层面结合起来。他们研究发现，投资者保护水平低的国家，其内部人持有的股权比重较高，从而使内部人面临特质风险（idiosyncratic risk），导致内部人对风险性收益的估价低于外部投资者，形成投资不足（underinvestment），资本不能达到最优配置。

斯韦托扎尔·平乔维奇（Svetozar Pejoich，1999）也对正交易费用条件下，投资者权利受到侵害，从而干扰资源有效配置的影响机制进行了分析。他首先区分了三个概念：（1）潜在利润，即企业边际成本等于边际收益时的价格—产出组合；（2）报告利润，即作为公司盈利而报告给企业股东的货币数量；（3）生存（机会）利润，即为股东所拥有的资源用于其他用途时可以赚取的货币量。然后指出，在零交易费用世界里，企业的潜在利润大于生存利润将是短暂现象，新进入者会通过企业规模调整消除超额利润。报告给企业股东的利润和生存利润之间的差异决定着新企业进入的速度，即资源流动的速度。正交易费用的存在，使经理通过在职消费等形式侵占投资者的利益成为可能，报告利润就会低于潜在利润，资源流入就会少于资源有效配置所要求的量，不能实现资源的有效配置。

通过以上文献研究，我们可以得出一个基本结论：较高的投资者保护水平将实现资源配置效率的改善。但所有研究进行的都是跨国的横向比较，缺乏对一国投资者保护的纵向发展状况及其对相应变量影响的透彻分析。

三、国内的相关研究

近年来，国内的学者也开始关注投资者保护问题，并利用对我国证券市场上投资者保护水平的评价指标开展了实证研究。沈艺峰、许年行、杨熠（2004）研究了我国证券市场上中小投资者法律保护与公司首次公开发行股票时的初始收益率之间的关系：当中小投资者法律保护较差时，中小投资者会在公司首次公开发行时要求较高的初始收益率；而随着中小投资者法律保护的不断完善，中小投资者要求的公司首次公开发行股票时的初始收益率呈现递减趋势。沈艺峰、肖珉、黄娟娟（2005）考察了我国证券市场上中小投资者法律保护与公司权益资本成本之间的关系，发现中小投资者法律保护程度与上市公司的权益资本成本负相关，即随着中小投资者法律保护的增强，上市公司的权益资本成本递减。许年行、吴世农（2006）研究了我国证券市场上中小投资者法律保护与股权集中度之间的关系，发现在中小投资者法律保护完善的阶段，中小投资者法律保护的立法变量与IPO时的股权集中度显著负相关。陈炜、孔翔、许年行（2005）以1994—2003年沪深两市发生的951起非流通股股权转让事件为研究对象，用控制权私人收益的变化衡量法律对中小投资者实施保护的水平与效率，实证检验了法律法规的完善能否起到保护中小投资者权益的作用，研究发现：2000年以后，随着中小投资者法律保护的完善，控制权私人收益呈不断降低趋势，但是我国证券市场上的控制权私人收益仍然处于较高水平，我国的证券法律制度还不能有效遏制大股东的剥削行为。

四、影响投资者保护水平的因素

那么，投资者保护水平又是由什么因素决定的呢？在目前已有的研究视野下，关于投资者保护水平影响因素的观点主要有以下几种。

（一）法律渊源决定论

该观点认为，投资者保护水平的国别差异决定于该国的法律起源。持这一观点的代表是LLSV。LLSV（1998a）通过对49个国家的实证研究发现，不同国家的投资者的保护程度与其法律制度渊源密切相关：以英国普通法为渊源的国家对投资者的保护力度最强，以法国成文法为渊源的国家表现最弱，以德国与斯堪的纳维亚成文法为渊源的国家的投资者保护水平居中。权利是法律所赋予的，而非证券与生俱来的。沿着LLSV法律渊源的研究思路，Pistor等人（2000）专门考察了转轨国家的法律与金融发展之间的关系，并首次区分了书面的法律（law on the books）与法律制度的有效性（effectiveness of legal institutions），并得出结论：在转轨过程中，外部融资的缺位不能单纯依赖在保护股权人与债权人的法律框架方面的激进改革来解决，法律制度的有效性比书面的法律质量对股权与债权市场的发展更有解释力。这反映了从计划经济向市场经济转轨过程中的一个重要问题：转轨的核心要求国家的角色从经济活动的直接协调者转变为一个公正的仲裁者，公司治理是国家治理的不可或缺的组成部分，特别是一个有效的外部私人融资体系需要国家对私人权利实施的可靠承诺，使之不被国家干预所侵蚀。只有这些条件存在了，书面上的法律才会起作用；否则，书面上的法律只会在边际上有效果。

投资者保护水平差异的法律渊源决定论招致了一些批评。例如，马克·罗（2007）认为，尽管股东保护、产权及相关法律制度非常重要，但法律渊源并非它们的基石。法律渊源曾经有过泾渭分明的差异，但这些差异正在慢慢消弭。另外，两大法系都可通过多种途径实现对产权的一般保护和对投资者的特别保护，法律渊源和投资者保护之间的定性联系很牵强。

（二）文化因素决定论

投资者保护水平差异的文化因素决定论认为，文化传统、意识形态等因素对一国的投资者保护水平具有决定作用。Roe（2003）认为，意识形态可以解释一国在保护股东利益与保护其他利益相关者利益方面的差异。Allen（2005）认为，日本社会浸透了企业的社会责任感理念，认为公司的管理目标不应该仅仅是股东的利益。Stulz和Willamson（2001）以宗教和语言作为文化的代理变量，检验了文化是否有助于解释跨国的投资者保护水平差异。研究发现，文化能够通过影响一国的投资者保护程度来影响资本市场的发展。股东权利更依赖于法律渊源，而文化对债权人权利的影响更为重要，文化的影响又被开放所调和。因此，他们的研究在一定程度上是对法律渊源决定论的补充而不是与之对立，可以认为是在阐述正式制度（法律）与非正式制度（文化）对投资者保护的不同影响。

（三）利益集团游说论

这一观点提供了一个观测投资者保护水平的政治经济学视角。提升投资者保护水平并不是帕累托式改进，它涉及控股股东与外部股东之间的利益再分配。Albuquerue 和 Wang（2008）估算了美国和韩国的外部投资者为了获得完善的投资者保护而愿意放弃的资本存量。美国与韩国的外部投资者为了获取完善的投资者保护，分别愿意放弃其资产存量的 0.38% 和 11.17%，而这分别意味着 430 亿美元的美国市场价值与 47 亿美元的韩国市场价值。同时，美国和韩国的控股股东分别愿意放弃其资本存量的 2.1% 和 8.4% 来保持现状。因此，提高投资者保护水平意味着从控股股东到外部股东的财富再分配。Albuquerue 和 Wang 认为，由于控股股东更不受集体行动问题的约束，控股股东与企业家成为政策制定过程中最有权力的利益集团，提升投资者保护水平并不是一件容易的事情。

Lucian A. Bebchuk 和 Zvika Neeman（2007b）认为，给定各国随时间流逝而变迁其投资者保护安排这一前提，投资者保护水平在任一时点上也至少部分地是政府官员近期决策的产物。他们建立了一个分析利益集团游说如何影响投资者保护水平的模型。他们认为，存在着以下几个利益集团，即公司内部人、谋求企业上市的企业家、机构投资者与个人投资者，他们在对投资者保护水平的确定上存在利益分歧，政治家关于投资者保护水平的决策取决于以上几个利益集团的游说博弈。在此基础上，Lucian A. Bebchuk 和 Zvika Neeman 分析确认了几个导致均衡的投资者保护水平趋于次优的因素：公司内部人使用处于他们控制下的公司资产对政治家施加影响，机构投资者不能获取对外部投资者的有效保护所带来的全部价值，企业家对未来股权融资的利益需求将会减轻但并不会彻底消除内部人在现有的已经筹集的资本中抽租所形成的扭曲。

Maeco Pagano 和 Paolo F. Volpin（2005b）将经济中的利益集团分为三类：企业家（entrepreneurs）、靠投资生活的人（rentiers，即中小投资者）、工人（workers）。一国的投资者保护水平取决于该国的选举制度是比例选举制（proportional system，即赢得多数选票的政党可以当选）还是多数主义制（majoritarian system，即赢得大多数选区的政党可以当选）。比例选举制导致较弱的股东保护，而多数主义制导致较强的股东保护。

Enrico Perotti 和 Paolo Volpin（2007a，2007b）通过将经济中的利益集团划分为企业家与消费者构建了一个模型。企业家在向外部融资前必须先行投资，只有拥有较高财富水平的企业家才能利用外部融资。这些企业家组成利益集团，通过向能够决定投资者保护水平的政治家游说，降低投资者保护水平，从而使经济中的企业数量小于社会剩余所需要的企业数量，而消费者没有可用于游说政治家的资源，政治家的效用取决于其对社会剩余的关心与对获取政治酬金的权衡：政治家越关心社会剩余，其要求的制定一个较低水平的投资者保护政策的政治酬金补偿也就越多。因此，存在这样一个关系：投资者保护严格随政治负责任能力（political accountability）递增，而投资者保护仅当政策制定者仅关心社会剩余时才处于最优水平。

五、简要评价

无论是投资者保护水平的法律渊源决定论还是文化因素决定论，其与现实中具体时点上的投资者保护水平之间的关联都显得似乎过于牵强，难以刻画出某一具体时空中的投资者保护水平的直接受制因素。在现实中，普通法与民法存在着收敛（convergence）的发展趋向。尤其是对于后发国家而言，其在借鉴、引进他国法律的过程中，并没有拘泥于普通法与民法之间的界限，其投资者保护水平用法律渊源决定论解释过于牵强。因此，我们需要有一个更为细微的观察投资者保护水平及其变化的视角。利益集团游说论认为政治力量塑形（shaping）投资者保护，从而不同利益集团的力量对比及其变化对投资者保护水平具有直接影响。这一角度的研究是对法律渊源决定论与文化因素决定论的重要补充，它们可以说是相辅相成的。

从产权经济学的角度而言，加强投资者保护就是通过充分界定与实施的投资者权利降低不确定性，从而减少机会主义行为，实现效率的提升。但现有的研究仅仅将投资者保护局限于通过法律来防止内部人侵犯中小投资者利益这一公司治理层面的绩效分析，而对于投资者保护的正式规则的供给者——国家，则始终将其作为一个外生的中立者来看待，从而留下了进一步研究的空间：国家作为一个具有自身利益的个体，其目标收益是如何影响投资者保护水平的？

第二节 政府在产权保护中的角色

一、政府为什么要保护产权

（一）政府保护产权的政治学视角

洛克被认为是政府理论第一人（辛向阳，2003）。在其政治学巨著《政府论》一书中，洛克（2004）从政府权力的来源角度阐述了政府为什么要保护产权。他认为，人们联合成为一个国家并受制于政府的一个主要的重大目的，是保护他们的财产，因此他们自愿放弃各自单独行使的惩罚别人侵犯行为的权力。“如果我们处于无政府状态中，如果强制只能靠其他各方的‘暴力潜能’来制约，如果所有公民都必须抵抗他人以保卫其财产，那将会代价极高（极高的排他成本和强制执行成本）。它们会抑制大量有利的劳动分工并阻碍繁荣。因此，雇佣一个代理人，赋予他保卫和平的使命，是很有利的。”① 这一观点与沃尔夫的看法一致：“进入文明社会中的每一个人都把他们的惩罚的权利转让给国家，因此国家就能够要求对暴力的合法垄断。”②

（二）政府保护产权的经济学视角

政府保护产权的经济学视角，主要是将政府视为一个利益最大化的主体，其保护产权的行为要服务于其利益最大化的目标。诺斯（Douglass C. North，1981）是这一方面理论的集大成者。他认为，国家提供的保护是为获取收入所作的交换。由于在提供服务方面存在规模经济，作为一个专门从事这些服务的组织，它通过提供服务而获取的社会总收入要高于每一个社会个体自己保护自己所拥有的产权的收入。诺斯将国家（政府）视为一个经济人，其提供基本服务有两个目的：一是界定形成产权结构与合作的基本规则，从而使统治者的租金最大化；二是在此基础上降低交易费用以使社会产出最大化，从而使国家税收增加。第二个目的将导致一系列公共产品或服务的供给，以便降低界定、谈

① ［德］柯武刚、史漫飞：《制度经济学——社会秩序与公共政策》，359页，北京，商务印书馆，2000。

② ［英］乔纳森·沃尔夫著，王天成、张颖译：《诺齐克：财产，正义和最弱意义国家》，42页，哈尔滨，黑龙江人民出版社，1999。

判和实施作为经济交换基础的契约所引起的费用。上述目标并不完全一致，在使统治者（和他的集团）的租金最大化的所有权结构与降低交易费用和促进经济增长的有效体制之间存在着持久的冲突，这种基本矛盾是使社会不能实现持续的经济增长的根源。诺斯的国家理论与产权理论、意识形态理论一起，成为其制度变迁理论的重要组成部分。埃里克·弗鲁博顿与鲁道夫·芮切特（2006）对诺斯的这一理论进行了如下总结：

首先，统治者用保护（包括产权和合约权的保护）和正义来交换收益，国家（统治者）提供的基本服务在于宪法的形成和执行，宪法规定了选民的产权结构，其目标是最大化受政治和经济交易费用约束的统治者的租金。为了达到这一点，它必须提供系列的公共（半公共）物品和服务，以便降低作为经济交易基础的合约定义、谈判和执行的成本。

其次，国家规定产权的目的是最大化其垄断租金，一个追求收益最大化的国家将像一个歧视性的垄断者一样，将选民分成不同的组并为每一组设计不同的权利以便最大化其收益。为了征税，统治者需要征税者（代理人），出现了委托—代理问题，统治者的垄断租金在一定程度上被代理人所挥霍。

最后，统治者在其活动中受到或多或少的约束，其大小取决于其选民在下面一些情况上所面临的困难：（1）移民的成本（“退出”）；（2）罢免现在的统治者、推举另一个许诺为选民提供更好服务的竞争者的成本。因为存在着竞争者，替代性越近，统治者拥有的自由度越小，选民在增加的收入中获得的比重就越大。

在垄断租金利益与扩大社会产出带来的税收收益之间如何取舍方面，李·J.阿尔斯通与思拉恩·埃格特森（2003）的观点与诺斯略有不同。他们认为，统治者面临一个悖论：一是在短期内最大化他的财富；二是降低税率，鼓励私人投资，在未来更大的税基上获得更大的收入。选择一还是选择二取决于统治者用于折现未来的主观利息率。例如，如果这个统治者已经衰老并且没有继承人或者所偏爱的继任者，他就不可能对未来的收入感兴趣而可能大量折现未来的收入。从某种意义上说，统治者的悖论就是一个投资者在面临巨大不确定性时的悖论。一个已经建立起成功的有序体制的、稳定的和理性的统治者将会选择二。

如果政府不能很好地保护产权，从而造成社会资源配置效率低下，那么是否可以通过政治与经济交易来实现最好的产出呢？Acemoglu（2003）认为，由于政府权力固有的承诺问题，政治科斯定理并不成立。政治科斯定理假设政治与经济交易可以在不同的个体与团体之间达成，但这种交易依赖于契约和外在承诺。契约与外在承诺是由国家来实施的，因而国家或控制国家的社会集团与其他社会成员之间的契约是不可实施的。

二、国家保护产权对经济效率的影响

思拉恩·埃格特森（2004）对诺斯关于国家产权和经济效率之间关系的思想进行了总结：社会的知识存量和资源禀赋决定了生产率和产出量的技术上限，即经济的技术边界。然而，各种产权结构都存在一种从一切可行的组织形式中选择出来的结构性生产边界，这种结构性边界能使得在技术边界以内成本最小而产量最大。产权体系确定了一系列可行的经济组织形式，而产权体系则依赖于社会的政治结构。某些政治体制能驱使结构性生产边界接近于技术性生产边界，另一些则不能。

（一）国家在产权保护中的重要角色：非人格交易的实施与经济效率

国家通过保护产权促进经济效率的提高，主要是通过发挥其在非人格化交易实施中的规模经济而实现的。巴泽尔（2006）认为，协议可以是自我实施的，也可以是第三方实施的，后者可以使用长期关系或暴力来实现。自我实施的不足在于：对于协议的双方而言，在协议的有效期内，协议的现值必须都为正值，因此，这就排除了任何一种借贷协议。与长期关系相比，暴力实施是一个低成本的实施方式，同时，国家的优势在于大家无条件相信的中性。诺斯（1987）在论述中进一步地说明了国家在产权界定，进而在经济增长中的作用：首先，具有第三方实施的非人格化交易的存在与规模是经济效率提高的前提条件。诺斯（2003，2006）反复提到了这一点。其次，非人格化交易所依存的制度与人格化交易不同——人格化交易依赖于互惠、重复交易以及倾向于从发达的互惠关系中演化而来的非正式规范之类的东西，非人格化交易则要求发展经济和政治制度以改变交换中的支付，回报合作行为。奥尔森（Mancur Olson，2005）将市场划分为自我实施型（self – enforcing）与社会规划型（sicially contrived），并说明了其各自在经济增长中的不同地位，刻画了政府在经济生活中的重要角色：社会需要从那些非自我实施型的互利性交易中获利，而这些利益只有通过由政府或社会设计的市场才能获得。奥尔森在此基础上概括了“强化市场型政府”（market - augmenting government）这一概念。权力先于繁荣，或强制性规则先于自愿交换，或政府决定增长是贯穿于奥尔森政治经济学始终的逻辑脉络（张宇燕，2005）。

（二）国家的暴力垄断者角色对经济效率的影响及其途径

国家作为第三方实施者虽然有其规模经济的优势，但拥有（以较低的成本）实施产权的强制力的国家的建立导致其有能力利用这一强制力去剥削公民（North et al.，2006）。John V. C. Nye（2003）认为，强制或权力的存在并不足以影响竞争性产出的“效率”或“剩余最大化本质”，真正改变分析的是随之而来的交易的特征和各种监督成本。在零监督成本的完全强制情形下，统治者能够毫不费力地榨取其臣民的全部剩余，他这样做并不影响最终产出的“效率”，受影响的是均衡时的收益分配情况。在此基础上，Nye认为，统治者兼具掠夺者（Nye称之为统治的寄生性）与管理者双重身份，某些寄生性行为的不可避免性和更大的租金榨取威胁是国家提供服务要价的一部分。寄生性活动增加的可能性是被赋予职权以施惠行善的国家机器的一个不可避免的副产品。均衡时的统治者是一个寄生者还是一个管理者，最终要取决于政治市场的结构和统治者的偏好。

另外，伴随国家而来的，是不同利益集团对其控制权的争夺。国家随即变成一个工具，通过它，随着通过控制产权的界定与实施所能获取的收益的增长，交易成本也随之日益上升。诺斯（2003）认为，竞争性约束和交易成本约束构成了无效规则存在的根源。

（三）如何实现国家保护产权，提升经济效率

强大到足以保护产权，实施契约的政府也强大到足以剥夺公民财富，这是经济体系中的基本政治悖论（Weingast，1995）。那么，如何既利用国家保护产权的规模经济又克服国家利用其对暴力的垄断权而实施的对权利的侵害呢？

奥尔森（2005）认为，要实现国家保护产权，提升经济效率，需要一个“强化市场型政府”：政府有足够的权力去创造和保护个人的财产权利，并且能够强制执行各种契约；与此同时，它还受到约束而无法剥夺或侵犯私人权利。强化市场型政府是一种降低交易成本的制度设计（张宇燕，2004）。

诺斯（2008）认为，需要使国家受到一套能够保护组织和交换关系的政治

规则及其实施制度的可信约束，即有限政府（limited government）。

巴泽尔（2006）也认为，只要臣民控制着国家，国家的行为就会最大化臣民的财富。巴里·R. 温格斯特（2003）通过英国“光荣革命”前后不同政治制度下君主债务的变化，研究了如何使有限政府自我实施的问题，并认为资本市场提供了为数不多的客观指标之一，可以用它来评价巩固有限政府的制度发生变迁所产生的功效。

有限政府理论所揭示的是对政治精英和统治者的权力毫无节制所导致的灾难性的经济绩效。这一观点强调的似乎更多是对政府利用权力侵害权利的警觉。但实践中也存在着像韩国这样的国家，在强政府主导下取得了经济成功。政治学家与社会学家用“弱国家”（weak state）来解释由于政府缺乏从社会中汲取资源的能力所导致的经济失败。如何看待有限政府理论与弱政府理论在对经济绩效方面的不同解释呢？Acemoglu（2005）通过引用政治科学领域关于非洲国家与韩国、中国台湾的对比的相关研究，在有限政府概念的基础上，提出了“弱政府”（weak government）与“强政府”（strong government）的概念，认为诺斯不仅强调了硬币的一面，即统治者的过度权力所引致的问题，而且指出了硬币的另一面，即政府在保证契约实施及降低交易成本方面的重要性。公共财政理论强调了政府在供给公共物品与监管方面的角色，忽略了统治者的自利动机。Acemoglu 指出，在由自利精英控制政府的征税权所导致的扭曲与限制政府权力所导致的低效两者之间的权衡方面，现有的研究存在不足。Acemoglu 认为，弱政府与强政府都会导致资源配置效率的偏离，而“一致同意的强政府”（consensually－strong state）均衡对经济发展是有利的，其产生于这样一个环境：由于统治者可以很容易被取代，政府在政治上较弱，但同时存在一个政府—社会间的一致同意，政府被允许征收高额的税收，前提是税收中的相当比重被用于公共产品投资。[①] 在这一研究中，Acemoglu 解释了税收（taxation）与剥夺（expropriation）之间的区别：税收是更加制度化的；因而是可预期的，而剥夺是任意的、不确定的。在以往的理论模型中，自利统治者所施加的税收与剥夺是等同的。福山（2008）的观点似乎更加激进，他认为国家能力比法治与民主重要得多，

① 这一观点为现实所证实：在当前最大的五个工业化经济体即美国、日本、德国、法国和英国中，政府支出占 GDP 的比重在 1870 年平均为 10%，在 20 世纪 30 年代升至 25%，而在 20 世纪 90 年代中期升至 40%（柯武刚、史漫飞，2000）。

产权保护并不是支持高经济增长率的必要条件。精英们可以只保护他们自己的产权，或者创造复杂的租金分配规则，同时仍然保持对经济增长的支持。对于能力很强的发展型政府统治的国家而言，更高程度的政治参与，也许会导致更多的再分配政策和更多的寻租活动。

三、国内相关文献的补充

国内学者对于政府保护产权对经济效率的影响的研究，因中国正处于政府主导的转轨时期而显得更加细致入微。综合起来，国内学者在这一领域的贡献主要有这样几点：

（一）对“诺斯悖论”的理解

黄少安（1999）对人们通常所认为的“诺斯悖论”进行了剖析，认为统治者垄断租金最大化与保证社会产出最大化的产权二者是统一的或基本上是统一的，一个是直接收益，一个是间接收益，但都是国家所追求的，都是对国家有利的。国家总是必然在直接收益与间接收益之间寻求一种均衡，从而使垄断规模程度停留在某个边际上。在这个边际上，统治者扩大垄断规模和提高垄断程度，也就是实施或容忍一种产权结构能多增加的垄断租金，等于放弃这种产权结构而实施另一种更有效率的产权结构，从而提高效率，使国家税收增加的数额或增加额的贴现值。在这一研究的基础上，黄少安（2000b）提出并用中国的改革实践验证了“政府以行政手段推进市场化进程”假说，即政府以非市场的行政力量培育与发展市场，放弃对社会经济的全面管制，逐步增加市场自主决策的比例，推动整个社会向着市场经济体制前进。他认为，在一定限度（可行的区域、时间）内，靠政府的行政力量推动市场化进程是有效率的，因为可以提高制度变革的规模效益，节约改革成本，缩短改革进程。当社会经济决策主要由市场自主决定，政府的主要职能不是经济发展职能时，行政力量作为市场化进程保护者的角色才会明显淡化。黄少安、魏建（2000）认为，政府在这一过程中是一个为了自身利益而参与改革的主体，即政府为了自身利益而以行政化手段推进的改革在一定的背景与约束条件下也是有效率的。

（二）对政府目标的细分

黄少安（2000a）认为政府的目标是多元的，诸如政权稳定、社会稳定、税收增加等，即在政治上的目标函数是社会支持最大化，在经济上则是财政收入的最大化。这两个目标既相互支持又相互冲突。通过发展经济，政府既可以实现社会支持最大化，又可以实现财政收入最大化。政府以垄断租金换取经济的增长，不仅能够直接实现财政收入的增长，而且基于对推动市场化进程的肯定，政府的社会支持度也会相应上升。黄少安还认为，政府以行政手段推动市场化，可以对抗行政力量对市场化进程的阻挠，从而把政府视为内部存在不同利益诉求的集合。

（三）对政府层次性的划分

正如埃里克·弗鲁博顿与鲁道夫·芮切特（2006）指出的，诺斯忽略了这一事实：统治者一般由一群人组成。杨瑞龙（2000）认为，新制度经济学在中央政府行为和地方政府行为一致性假设下的国家理论很难解释我国的制度变迁过程，从而区分了中央政府与地方政府的不同效用构成：中央治国者追求义理性的最大化，即在社会总产出和垄断租金最大化的双重目标的驱动下，通过发展经济、保持稳定来减少交易费用约束和竞争约束；而地方政府官员具有不同于中央政府的相对独立的目标，其积极利用政治组织和政治手段捕捉潜在制度收益，参与地方之间的市场竞争以增强本地经济实力，目的是实现自身政绩的最大化，他们是具有类似企业家创新精神的“政治企业家”。

以上研究丰富了国家理论，但仍有一些问题有待于进一步细化：政府推动产权保护水平变化的动力源自何处？政府在不同时期对自身利益的追求是否始终与对产权的保护以及经济效率取向相一致？肇端于行政手段推动的市场化进程是否会导致行政手段的固化与自我内生，从而间接抑制市场化自发实现机制的生成？

本章小结

根据本书的研究主题，本章主要对两个方面的文献进行了回顾：

一、投资者保护水平对资源配置效率的影响

目前，对投资者保护水平的衡量主要是从其法律保护水平这一角度进行的。通过跨国的横向比较，已有的研究认为，在公司层面上，投资者保护水平影响公司的价值、所有权集中度、股息支付水平、现金在总资产中所占比重以及公

司内部人报告会计信息的真实性；在证券市场整体层面上，投资者保护水平影响一国资本市场的规模与广度、股票市场价格的同步性、依赖外部融资行业的进入率等方面。本章总结了投资者保护水平影响资源配置效率的途径：从公司层面上，投资者保护水平通过影响公司内部人以股东利益为代价追求自身利益的成本来影响资源配置效率；从证券市场整体层面上，投资者保护水平通过影响公司信息的可信度以及影响风险套利者搜集公司特定信息的激励，来影响资源配置效率。

关于决定投资者保护水平的因素，已有的研究主要从三个方面进行了探讨：法律渊源决定论、文化因素决定论与利益集团游说论。

二、政府保护产权的动机与对经济效率的影响

本章首先从政治学与经济学两个角度，对政府为什么要保护产权的有关研究进行了文献回顾；然后介绍了国家作为非人格化交易的第三方实施者对经济效率的积极促进作用，以及国家作为暴力的垄断者影响经济效率的途径，并对如何实现国家保护产权、促进经济效率提升的不同观点进行了总结；最后，由于中国正处于一个政府主导的转轨时期，国内学者的研究极大地丰富了国家理论，本章对政府利用行政手段推进市场化进程的国内相关文献进行了回顾。

第三章　投资者权利的保护：一般性介绍

第一节　产权与产权保护一般理论

一、产权的属性

（一）产权的社会属性

产权是人类社会发展到一定阶段的产物，其客体是一定的物，包括有形的和无形的。人对物的产权，实质上所界定的不是人与物之间的关系，而是围绕该物所形成的人与人之间的权利边界，因而产权具备社会属性，其本质是一种社会契约。不少产权的定义都强调了这一点："产权是人与人之间由于稀缺物品的存在而引起的与其使用相关的关系。"①"产权是一种社会契约，它的意义产生于这样的事实：它们有助于形成一个人在同他人的交易中能理性地把握的那些预期。这些预期在法律、习俗和社会惯例中得到实现。""在鲁宾逊·克鲁索的世界里，产权毫无作用。"②"产权安排确定了每个人相应于物时的行为规范，每个人都必须遵守他与其他人之间的相互关系，或承担不遵守这种关系的成本。"③

（二）产权的主体指向性

产权具有主体指向性。无论公有产权还是私有产权，产权总是某一个主体的产权。因此，真实的产权必须是受到保障的，以防止来自其他主体的侵害。

---

① ［南］斯韦托扎尔·平乔维奇：《产权经济学——一种关于比较体制的理论》，29页，北京，经济科学出版社，2000。

② ［美］德姆塞茨：《关于产权的理论》，原载《美国经济评论》，1967（5）。引自：［美］R. 科斯、A. 阿尔奇安、D. 诺斯等：《财产权利与制度变迁——产权学派与新制度学派译文集》，97页，上海，上海三联书店、上海人民出版社，1994。

③ ［美］E. G. 菲吕博腾与S. 配杰威齐：《产权与经济理论：近期文献的一个综述》，原载《经济文献杂志》，1972（10）。引自：［美］R. 科斯、A. 阿尔奇安、D. 诺斯等：《财产权利与制度变迁——产权学派与新制度学派译文集》，204页，上海，上海三联书店、上海人民出版社，1994。

阿尔奇安（1965）强调了保障性对于产权主体的意义：“产权对我意味着，对于其他人在资源使用方面作出的违背我的意愿的选择的一种保护，所以说是‘我的’产权。”①

（三）产权的多维度性

产权作为一束权利，具有多个维度。产权的不同维度之间具有互补性，即产权某一维度的变化、调整会影响其他维度对产权主体的价值。

（四）产权内容的动态性

产权所包含的内容不是固定不变的，而是处于调整过程中。按照巴泽尔（1997）的说法，人们对资产的权利不是永久不变的，它们是他们自己直接努力加以保护、他人企图夺取和政府予以保护程度的函数。因此，随着产权主体自己保护、他人夺取以及政府保护的成本与收益对比的变化，产权的边界也在不断变化。

二、产权保护及其意义

产权的基本功能是通过影响产权主体及其他利益主体的预期，引导在更大程度上实现外部性的内部化的动力（德姆塞茨，1967），这需要通过产权的界定与实施来实现。

（一）产权的界定与实施

产权保护包括产权的界定与实施两部分内容。前者是指对产权内容归属的事前说明，后者是指当围绕产权边界产生纠纷时所进行的事后处置。产权保护是一个“度”的概念，即在一定时点上，产权存在着外部性。当外部性的价值上升时，对其清晰界定并确保实施的动力会增加。只有当界定与实施这一部分产权内容的成本小于外部性的价值时，才会实现外部性的内部化。同时，新的外部性问题又会产生。因此，产权的界定与实施是一个动态的过程。

产权保护除了以国家法律法规的方式实现以外，还可以通过其他方式实现。根据阿维拉什·迪克西特（2007）的总结，这些产权保护的法律制度的替代性制度包括财产权利的自我保护和雇佣专业化保护、信息传播网络、社会规范以及合约执行的惩罚机制。因此，产权保护需要一系列正式制度与非正式制度的

---

① ［美］A. 阿尔奇安：Some Economics of Property Rights. Ⅱ Politico 30（1965）：816 – 829. 引自：盛洪等：《现代制度经济学》（上卷），70 页，北京，北京大学出版社，2003。

支撑，需要成文法、立法机关、警察、法庭、行政执法机关以及信用、道德和习俗等的介入。

（二）产权保护的意义

产权保护的意义在于：通过对权利的事前界定与事后实施，影响产权主体及其他相关主体的预期，减少产权的不确定性，从而将相应的收益与成本内部化，引导资源的配置。如果产权的某些维度没有被清晰界定，或界定后无法实施，则产权的这些维度处于“公共领域”，属于无主财产，其收益就形成租金。不同行为主体围绕这一无主财产的收益所进行的攫取努力，实际上就是一个寻租的过程，其降低了参与者的生产性努力。因此，趋于清晰界定与有效保护的产权有利于资源配置。

第二节 投资者权利保护的制度构成

一、作为投资者权利承载物的证券资产

对于股票与债券等证券类资产，学者们从不同角度进行了研究。詹森、迈克林（1976）从委托—代理角度，对股票与债券的代理成本进行了分析；莫迪利安尼和米勒（1958）从资本成本与企业价值角度进行了分析，将债权与股权视为对公司现金流的法律索取权；威廉姆森（1988）从交易费用经济学的角度进行了分析，认为股票、债券分别是一种规制结构（governance structure）。如果从产权经济学的角度考察，那么股票、债券可以被视为是投资者的产权，即证券资产具有产权性质。La Porta 等人（1999a）较早地从投资者权利的视角考察了证券资产的性质。在国内，宋琳（2006）较早地提出了这一主张。

投资者认购、持有股票、债券等证券类资产的行为，实质上是利用不同方式（股权或债权），将自己手中可以用于投资的资源投入某个领域，目的是为了通过承担相应的风险获得投资收益。由于不同证券所对应的资本用途不同，投资者持有证券资产所获取的收益与所承担的风险也各不相同，即投资者享有按照自己的风险—收益偏好来决定资源配置的权利。投资者的这种自由选择资源投向、形成证券资产的权利就是投资者权利。把个人使用资源的权利称为“产权”，始于 19 世纪初的欧洲。当时的经济行为受到来自政府或行会的广泛管制，

目的是为了保护统治精英的特权。在这一背景下，自由主义者提出经济自由也是一项权利的观点，他们要求扩大经济决策中私人选择的范围（戴维 J. 格波尔，2004）。

二、投资者权利的构成

投资者的产权，就是投资者作为可用于投资的资源的所有者对资源的配置权利。本书所论述的，主要是股份制这种降低交易成本、减少外部性的制度安排中，股权投资者相对于相关利益主体（如其他股权投资者、管理者、债权人等）的权利边界。任何产权实际上都是一个权利束（the bunble of rights）。对于投资者权利束的组成，表述各有不同。例如，孙曙光（2006）从股东的角度，认为股东的各项权利可归纳为收益权与控制权。中国证券监督管理委员会的表述为："投资者的权利包括投资知情权、资产安全权、公平交易权、投资收益权、管理参与权和股东诉讼权等。"① 本书认为，投资者权利具体可以包括以下几个方面：

（一）投资领域的选择权

投资者享有按照自己的风险—收益偏好配置资源的权利。阿维拉什·迪克西特（2007）称之为控制权，即关于怎样使用它们的决策。

（二）收益权

投资者享有通过配置资源承担相应的投资风险，从中获取投资收益的权利。

（三）知情权

投资者享有获取关于所投入资源的运用状况的相关信息的权利。

（四）决策权

投资者作为资源的投入方，享有对公司重大事项的决策权，主要通过参加股东大会行使表决权的形式行使权利。

（五）退出权（可转让权）

投资者享有不经由其他投资者同意而退出的权利。多个投资者为公司投资带来了规模经济的好处，为了使这个好处不至于为谈判成本压倒，日常决策权转移到管理者手中。为了使管理者行为的外部性最小化，投资者需要享有在事

① 中国证券监督管理委员会：《中国证券监督管理委员会年报（2007）》，44 页，2008。

先未得到其他股东许可或不解散公司的情况下出售股权的权利（德姆塞茨，1967）。

（六）诉权

当投资者权利受到来自其他利益主体的侵害时，投资者有诉诸国家强制力量寻求司法救济，要求停止侵害并补偿由于权利被侵犯而遭受损失的权利。

投资者权利束的各构成部分是一个有机的整体，具有互补性，即某些权利的实现以其他权利的存在为前提或保障。收益权是投资者权利的核心。投资领域的选择权是投资者实现收益权的前提——只有可以自由地选择投资领域、投资方向，投资者才可以按照自己对风险—收益的偏好配置资源，获取相应的投资收益；而如果投资者面对受限的投资领域选择集合，则只能接受一个较低水平的收益率。退出权利是在交易成本为正，从而投资者的收益权有可能受到侵犯的情况下，投资者的收益权得以实现的保障。完整的投资者权利是资源配置到最有价值用途的保证。

投资者权利的界定与实施需要一系列制度，例如信息披露制度、监管制度以及相应的组织（例如证券交易所、会计师事务所、律师事务所、资产评估事务所等）的参与才能得到有效保障。

三、投资者权利保护的意义

在股份有限公司中，尽管控股股东与中小投资者所拥有的权利内容相同，但两者之间存在着利益冲突。控股股东有动力利用自己的控股地位攫取控制权私人利益，从而侵害中小投资者利益。中小投资者所面临的信息不对称问题尤为严重，而且由于集体行动的问题，其自我保护能力最弱，因此一般所说的投资者保护，主要是指保护中小投资者免受控股股东与经理层（内部人）的侵害。

中小投资者保护对于资源配置的意义在于：通过发挥投资者权利的激励功能，促进资源的合理配置。“有保障的产权鼓励投资者增加经济的生产资本存量。”① 在投资者保护完善的情况下，即投资者权利得到清晰的界定与实施，消除了不确定性，投资者可以得到运用产权的全部收益，从而激励投资者追求产

① ［冰岛］思拉恩·埃格特森：《经济行为与制度》，286页，北京，商务印书馆，2004。

权的收益，实现资源的优化配置。如果投资者保护不足，也就是投资者权利的界定与实施不完全，就会使投资者权利的一部分处于无主状态，即公共领域，引发各方对处于该公共领域内的利益的争夺，从而抑制生产性努力。例如，如果对于中小投资者的保护不足，控股股东会通过操纵利润等形式实现自己的控制权私人收益最大化，因而公开的会计信息会失真，从而妨碍利润引导资源配置功能的发挥。此外，对中小投资者的保护不力，控股股东对中小投资者进行掠夺，会使中小投资者丧失对证券市场的信心，从而削弱证券市场的筹资功能，证券市场规模萎缩，对外部融资需求迫切的企业难以获得融资机会，妨碍储蓄向投资的转化，从而减少社会产出。

四、投资者权利保护的实现方式

人们对资产所实际拥有的权利如何，是同时取决于多个实施方式的。正如私人保护可以作为官方警察制度的补充或替代：公司有私立安全警卫，家庭有邻里看护组织、社区有私人保安（Avinash K. Dixit，2007），投资者权利保护可以是自我实施、国家之外的第三方实施与国家实施的结合，其中前两者可以通过非正式规则实现，第三种通过正式规则实现。

（一）自我实施方式

自我实施即在公司层面，各方主体出于利益的一致性而自觉实施的投资者保护。Armando Gomes（2000）认为，即使在外在的（explicit）公司治理机制匮乏的情况下，控股股东也会内在地（implicitly）承诺不剥夺中小投资者，因此形成的声誉效应（reputation effect）会使得公司的股票价格更高，公司更容易上市，从而市场本身就可以解决相当一部分由于保护匮乏所导致的问题。实证研究也表明，当法律提供的投资者保护水平有限时，公司为了获取外部投资，会通过各种机制来确保投资者的收益，从而实现投资者保护的自我实施（Rene M. Stulz，2005）。这种实施方式可以通过公司章程、股息政策等制度安排实现。

（二）国家之外的第三方实施方式

由于各方存在利益冲突，投资者权利保护仅仅由自我实施是难以为继的。

按照奥尔森对市场的划分，证券市场属于社会规划型市场[①]（socially contrived market），只有当社会中的某些制度性安排得以稳固之时才会形成。诺斯等人（2006）对粘着性组织（adherent organization）与契约性组织（contractual organization）的划分与此可谓异曲同工：粘着性组织是指成员之间的协议是自我实施的（self - enforced），不依赖第三方来执行成员之间的协议。契约性组织利用第三方执行成员之间订立的合同，组织成员之间可以执行并不具有激励相容性质的安排。对于需要第三方执行（enforced by a third party）来保障实施的权利，在法律权利缺失的情况下也会存在，长期关系是实施不受法律权利保障的经济权利的方式（Bazel，2002）。因此，以这种方式实现的投资者权利保护相当于重复博弈下的子博弈均衡策略。

国家之外的第三方，如证券交易所、证券行业协会等通过证券交易所的交易与监管规则、证券业协会章程等制度安排实现对投资者权利的保护。例如，证券交易所通过上市条件（事前）、停牌、公开谴责、退市（事后）等手段来实现对投资者利益的保护。证券业协会通过协会章程、会员管理制度等进行从业机构与人员的自律，以维护投资者利益。

这种实施方式的特点是：不以暴力为后盾，而凭借章程、规则等进行约束，主要通过发挥声誉功能来实施，依靠组织成员的共同参与，以自律为特征。Milgrom、North 和 Weingast（1990）分析了在民族国家产生之前或大规模的依据法律规则进行的第三方实施产生之前，“法律商人体系”（law merchant system）在信息不完全的情况下，作为声誉机制的补充对中世纪远距离贸易的发展所起的重要作用。Greif（1994）也通过分析 Maghribi 贸易者通过联盟（coalition）的内部信息传输机制（internal information - tranmission mechanism）与多边惩罚策略（multilateral punishment strategy）来支撑声誉机制的运行，从而解决信息不对称情况下的承诺问题，来解释 11 世纪的地中海贸易，在一定程度上论证了非正式制度在涉及较多资金利益的大市场上也可以有效运作。Brian R. Cheffins（2001）分析了在法律对投资者保护不足的情况下，英国的金融中介，包括商人银行（merchant banks）、证券经纪人（stockbroking）、投资信托（investment trust），与证券交易所出于声誉考虑通过自律（self - regulation）实现的投资者保护。

---

① 另一种类别是自我实施型市场（self - enforcing market）。它是自发产生的，一般情况下都会形成，而且不管其参与者是否有共性，有时甚至是在参与者相互反感的情况下形成的。

投资者保护的自我实施与国家之外的第三方实施的成本由于信息的传递时滞短、链条少而更低。

（三）国家实施方式

投资者权利保护的国家实施，是指国家作为公共产品的供给者，通过颁布实施法律法规的途径实现对投资者权利的保护。法律制度具有资源配置功能，其可以通过对权利的界定（事前的资源配置）以及通过解决冲突（事后的资源配置）来实现（翟林瑜，1999）。这种实施形式以对暴力的合法垄断为后盾、以法律法规的形式实现对投资者权利的界定，当投资者权利受到侵害时进行司法救济。国家对投资者权利的保护可以通过对证券法、公司法、投资者权益保护法等法律法规的执行来实现。

与投资者保护的自我实施及国家之外的第三方实施方式相比，国家实施方式需要通过国家供给相应的公共产品来实现，具有规模经济优势，但信息传递的链条长，程序复杂。

（四）三种实施方式之间的关系

1. 投资者权利保护实际水平的确定是三种实施方式的综合

在一个时点上，投资者保护水平是三种实施方式的综合，对权利的不同维度进行保护的不同实施方式之间构成一种均衡。投资者权利保护的每一种实施方式所确定的投资者权利水平，取决于该实施方式的成本收益比较。每一种实施方式的成本承担者与收益获取者都不同，从而任何一种实施方式都不能完全取代其他实施方式。每一种实施方式的成本都是针对实施者而言的，如果改换了实施者，则成本可能会十分高昂。如果对于任何一方，权利的某些维度的保护成本都超过其收益，则这些权利的维度就被置于公共领域。因此，投资者权利保护水平的确定是一个约束条件下的最优化问题。

2. 三种实施方式之间的转化

从长期来看，投资者保护的不同实施方式之间是可以转化的。在成熟市场经济国家，在经历弥久的商业文化积淀后，正式规则尾随而至，因而正式规则是内在约束的外在形式化与长期约定俗成的符号化。这不仅可以形成非正式规则与正式规则之间的过渡与衔接，而且可以降低正式规则的实施成本。因此，正式规则与非正式规则之间的有效互动，可以提高产权的安全性（诺斯，2008）。

第三节 投资者权利保护水平的决定

一、零交易成本下的投资者权利水平

Demsetz（1980）将新古典经济学假设的经济体制称为分散化模型。按照通常对分散化模型的隐含和明显的假定，交易成本为零，私有产权在无交易成本的情况下充分界定和实施，政府站在幕后支撑着市场交换制度（思拉恩·埃格特森，2004）。在一个有效的、存在大量无差异的最大化其效用的投资者、不存在交易成本的证券市场上，每个投资者都面临着一个在技术上可行的证券集合，充分界定和实施的投资者权利，可以通过价格变动的瞬间实现，消除外部性与不确定性，机会主义行为的报酬为零。因此，价格机制是唯一引导资源配置效率自动实现的力量，资源的转移可以无摩擦地瞬间完成，不需要价格以外的力量，如法律、习俗等的介入来进行投资者权利的界定与保护，制度被认为是“配置中性的”，也即无关紧要的（埃里克·弗鲁博顿和鲁道夫·芮切特，2006）。

因此，在交易成本为零的情况下，阿罗—德布鲁式证券的产权性质，实质上就是充分界定和实施的投资者权利，即投资者选择证券资产时服从于自己的风险偏好。在风险一定的情况下，选择期望收益最高的证券；在期望收益一定的情况下，选择风险最小的证券。在有效市场条件下，由于不存在交易成本，所以作为收益权实现保障的控制权等权利就无须存在。证券资产产权束中的权利内容就仅表现为收益权，其所确定的收益在数量上的限度可以由资本资产定价模型（CAPM）或套利定价理论（APT）决定。①

二、正交易成本情况下投资者权利保护水平的决定

（一）正交易成本情况下不完整的投资者权利

在现实世界中，市场不可能是无摩擦的，交易成本不可能为零。当人们通过缔约在市场中运用他们的产权时，这些成本就被称为交易成本（柯武刚、史

---

① 尽管资本资产定价模型曾受到一些批评，但由于其作为一个均衡模型提供了一个关于资产间收益关系的易于解释的说明，而实证研究也表明这一模型的确可以在相当程度上解释资产收益的变化，因而仍在使用（Robert C. Merton，1973）。

漫飞，2000）。诺斯（2008）认为，交易成本主要产生于：（1）度量一种商品或服务的多重有价值的维度；（2）制度和组织所需的有效的第三方实施机制的发展常伴随个人投入资源以保护他的财产；（3）随着专业化分工的增加，社会中的知识越分散，整合分散知识所需投入的资源就越多，合约的实施涉及监督和度量交换的成本，以及发展有效的违约惩罚机制的成本。交易成本的存在使来自机会主义行为（opportunism）、欺骗（cheating）、开小差（shirking）等行为的报酬上升，监督与实施合约的成本的存在使投资者权利不可能被充分地界定与实施，价格引导资源有效配置的机制受到了阻碍。这种由于交易成本的存在而导致产权不能被完全界定的情形在任何制度下都会存在。即使“在一个自由放任经济中，虽然政府对私人所有权不加限制，但是由于信息成本的原因，对所有权的界定或实施常常是不充分的”①。道格拉斯·W. 艾伦更是直截了当地说：“交易成本就是建立和保护产权的成本。”②

（二）投资者权利水平的决定因素

1. 权利界定的成本—收益比较

交易成本的存在，使得制度对投资者权利的初始界定不可能预见到所有的不确定性并将其消除，交易主体在既定的权利边界安排下开展交易的过程同时也是不确定性的动态产生过程。在投资者权利得到初始界定后，需要持续不断地进行权利边界的持续界定，即投资者权利边界处于不断调整中。权利是否能够得到进一步界定，取决于再次界定权利的收益是否超过成本。产权是具有多个维度（属性）的，某些属性在权利界定初期价值很小，没有界定的必要，以后这些属性的价值增加了（巴泽尔，2006），于是界定该属性的需求就会增加。如果法律限制了投资者的投资领域，那么可以认为对于受限制领域的产权交易被禁止，这种交易的成本与收益也不在投资者的考虑范围之内，即存在外部性。当外部性的重要程度上升、界定的收益超过成本时，将相应的成本、收益内部化将会形成新的投资者权利水平。“所谓的当来自更精确定价的收益增长时权利将得到更好的界定的观点，是不正确

① ［冰岛］思拉恩·埃格特森：《经济行为与制度》，117页，北京，商务印书馆，2004。

② ［加］道格拉斯·W. 艾伦：《再论产权、交易成本和科斯》，2007。引自：［美］斯蒂文·G. 米德玛编，罗君丽、李井奎、茹玉骢译：《科斯经济学：法与经济学和新制度经济学》，105页，上海，上海三联书店，2007。

的……当人们愿意为置于公共领域的服务支付的价格上升时，来自更明确界定权利的收益也会上升。……没有先验的理由认为，监督费用的增长速度应当低于来自更详细定价的收益的增长。”①

2. 技术水平

在对投资者权利进行界定时，因为技术原因使得权利边界无法无限细化的，总会有一部分权利处于“公共领域”，由此各交易主体之间可能会产生利益冲突。产权的每个维度如果能被准确度量，则产权就可以被精确地界定，度量体系的发展关乎产权的界定程度。例如，投资者参加股东大会、行使表决权的成本过高，以至于中小投资者并不实质拥有法律上所界定的该权利。网络技术的发展，使得网络投票成为可能。此外，投资者对证券欺诈行为进行起诉时，在案件审理时是否能够确定欺诈事件与投资者损失之间的因果关系，以及是否能够确定投资者的受偿水平，决定了投资者名义权利中的诉权是否得到实际的保护。计量经济学的事件研究法在司法中的运用，就使后者得到了解决。

3. 制度的功能

在交易成本为正的情况下，资源配置机制中就必然有非价格机制渗入，从而形成现实经济中的结构性资源配置边界。结构性资源配置效率边界是否趋向于技术性资源配置效率边界，取决于制度的功能。在不同的制度下会形成不同的激励机制和交易费用。正是通过各自的激励机制和交易费用，不同的制度对经济主体的行为发生着特定而又确切的影响，而经济主体的行为反过来又决定着经济的结果（是否趋向于资源配置效率）（平乔维奇，1999）。资源优化配置导向的制度有助于降低交易成本，从而使结构性资源配置边界向技术性资源配置边界靠近。

由于正交易成本的存在使得投资者权利难以被清晰界定，因此制度因素对投资者保护水平的影响主要是通过其是否具有降低交易成本的功能来实现。有利于降低投资者行使权利过程中的交易成本的制度，将会提升投资者权利保护水平。只要制度功能是资源优化配置导向的，那么制度的设计、组合就会有动力去降低甚至消除各种外部性与不确定性因素，从而不断降低交易成本，在获

① ［美］Y. 巴泽尔著，费方域、段毅才译：《产权的经济分析》，91页，上海，上海三联书店、上海人民出版社，1997。

利机会被不断发现的过程中，使得由于交易成本的存在而没有被清晰界定的投资者权利边界在边际上向其趋近。金融产品、金融制度不断创新的动力，就是在成本收益比较的前提下，不断填补投资者的不同风险—收益偏好的缝隙，从而在更大程度上动员资源。正如平乔维奇（1999）所说的："资源是否一直被配置于最有价值的用途？我们永远不会知道。""经济分析不可能确切地断定资源已经被配置于最有价值的用途。""有效率的制度，指的是其社会和经济过程具有把资源转移向最佳用途的强烈而又明显的趋势。"

因此，有利于降低交易成本功能的制度设计将与较高的投资者保护水平，进而与发达的证券市场相关联。由于信息不对称是证券市场上阻碍投资者权利的行使和资源优化配置的重要因素，有利于投资者保护、资源优化配置的制度安排是"信息供给成本最低的人应该搜集与供给信息，并为信息的遗漏与误导负责"（Rafael La Porta、Florencio Lopez – de – Silanes and Andrei Shleifer，2006）。当投资者因为信息披露中的遗漏或误导而遭受损失时，有利于投资者保护、资源优化配置的制度安排应该是举证责任倒置的，即减轻处于信息劣势的原告的举证负担。以上两个方面被 Rafael La Porta、Florencio Lopez – de – Silanes 和 Andrei Shleifer（2006）总结为法律保护投资者的私人实施（private enforcement）方面的两项构成：披露要求（disclosure requirements）与证明负担（burden – of – proof）。Florencio Lopez – de – Silanes 和 Andrei Shleifer 在肯定了通过证券法实施的投资者保护对证券市场的发展有促进作用之后，认为法律之所以对证券市场产生影响，是因为法律通过其私人实施即降低了私人缔约与诉讼的成本，而不是因为法律提供了公共监管实施（public enforcement），从而使有效的制度选择采取了公共规则的私人实施方式。

三、国家实施情况下投资者权利保护水平的决定

（一）国家在投资者权利保护中的两重性

在投资者权利保护中，国家的作用具有两重性。

首先，证券市场非人格化交易、规模化的特征，决定了在投资者权利保护中具有规模经济优势的第三方实施者——国家介入投资者权利的保障与实施的必要性。"国家在合约实施中的重要角色不在于它提供了一种前所未有的合约实

施方式，而在于其降低了管辖交换的交易成本。”①因此，一个强有力的政府建立统一、完善、规范的证券市场，对投资者权利的实现至关重要。如果缺乏国家的有力介入，证券市场可能是分割的、零散的、不规范的，从而不利于投资者自由配置资源，以实现自身的权利。

其次，一个强大的、具有足够权威性的、保护投资者权利的政府，又有可能运用其与投资者在权力上的不对等性去侵犯投资者权利。例如，政府可以通过法律法规形式强制投资者将可投资资源投向符合政府利益的部门。投资者自由选择资源运用方式所形成的投资收益与被迫投向符合政府偏好的经济部门的投资收益之间的差异，可以被视为一种隐性税收。拉詹与津加莱斯（2004）表达了类似的观点：投资者权益的保护要首先防止金融资产的持有人成为政府掠夺的对象。

因此，在国家存在的情况下，投资者权利受到侵害的来源有两个方面：国家与包括控股股东在内的其他利益相关者。投资者权利首先是“公法”调整的范畴，规范国家与投资者之间的“权力”与“权利”的界限，在此基础上才是“私法”调整的范畴，规范（中小）投资者与（控股）投资者之间、投资者与证券市场上其他利益相关者之间的利益关系。Acemoglu（2005）把前者称为“产权制度”，把后者称为“契约制度”。产权制度是规范政府与微观经济个体之间的契约关系的规则，由于政府拥有个体所不具备的政治权力，因此如果缺乏对权力使用的限制，就存在着国家或精英掠夺微观经济个体的风险，而这种风险不能通过两者之间修改契约条款的形式加以削弱，政治科斯定理并不成立；而契约制度是界定微观经济个体之间的契约关系的规则，当契约制度较弱，即法律规则和法律的执行状况不能满足需要时，微观个体间可以通过修改契约条款、改变契约形式来缓解执行不力的契约制度的影响。

（二）国家实施情况下影响投资者权利保护的因素

1. 国家效用目标

国家作为投资者保护的第三方实施者，不应该被视为外生的和中立的（青

① 原文为：“the importance of the role of the state enforcement of contracts was not that it provided a means of enforcing contracts where one previously did not exist. Rather, it was to reduce the transaction costs of policing exchange.” 见 Paul R. Milgrom, Douglass C. North and Barry R. Weingast, 1990, The Role of Institutions in the Revival of Trade: The Law Merchant, Private Judges, And Champagne Fairs, Economics and Politics, Vol. 2, p. 21.

木昌彦，2001）。国家是否有动力实施充分保障投资者权利的制度、供给公共物品，取决于国家的效用目标是否与社会福利最大化相一致。

按照诺斯的国家理论，新古典意义上的国家，其供给公共产品的目的是为了实现自身利益的最大化。其利益来自两部分：首先是垄断租金，其次才是社会财富的最大化，也就是税基的最大化。如果国家获取垄断租金的利益与供给公共物品以换取社会财富最大化的利益相冲突，国家会选择获取垄断租金利益，而这就必然造成对产权的侵犯，从而使结构性生产边界偏离技术性生产边界。具体到证券市场上，如果国家在证券市场制度的构建中居于支配地位，而国家效用目标与证券市场的制度功能以资源优化配置为导向并不是完全激励相容的，其获取垄断租金的方式是通过支配资源配置方向的形式来实现的，那么投资者权利在产权制度层次就不能得到有效的界定，会受到来自国家权力的侵犯，从而使投资者权利中未得到清晰界定的那一部分成为非排他性财产，也就是巴泽尔所说的“公共领域”（public domain）。

同时，如果国家在不同时期的效用目标中各项构成的权重设置不同，并且具有不同实现形式，那么国家界定与实施投资者权利的努力要受制于这一变化，即将是一个动态的变化过程。

2. 交易特征与监督成本

在存在交易成本的情况下，国家不能通过供给较高的投资者保护水平并直接榨取较高的投资者保护水平所带来的社会产出来实现自己的目标收益，而必须通过压低投资者保护水平，例如将资源配置到符合自己偏好的领域，才能得以实现。此外，在实现国家目标收益的过程中，代理人的参与必不可少，国家需要支付给代理人收益以换取其忠诚，代理人的行为对投资者权利产生的影响可以被视为是国家强制和权力意志的派生影响。Milgrom、North 和 Weingast（1990）认为，对国家实施的全面评价必须包括对国家实施这种机制的腐败的潜在性的评价。

3. 国家保护投资者权利的直接成本

由国家通过法律手段进行的投资者保护可以被视为一种公共产品。公共产品具有非排他性，即任何个体对它的消费都不会引起其他个体消费的减少（Paul A. Samuelson，1954），因而国家不可能就其对投资者所实施的保护而向投资者收费。与其他权利界定和实施主体一样，国家作为投资者权利的界定和实施者，在决定是否保护投资者权利的某一个维度时，需要进行成本与收益的比较。在其他条件都相同的情况下，国家在界定资产时所引致的成本越高，国家保护该资产的可能性就越小。技术进步可以降低该成本（巴泽尔，2006）。“产权内容的改变，取决于统治集团对改变现有的产权安排所带来的收益的事前估计与监察和执行权利结构的改变所带来的成本的事前甚或事后估计之间的相互关系。”①

4. 对投资者保护的其他实施方式的影响

由于投资者保护是自我实施、国家之外的第三方实施以及国家实施的结合，国家作为权利的界定与实施者，不仅直接对投资者权利的保护水平施加影响，还可以通过影响投资者权利保护的自我实施以及国家之外的第三方实施，从而间接影响投资者权利保护的水平。例如，为了获取外部资源，内部人（控股股东与经理层）有动力提升投资者权利的保护水平，以通过声誉机制的发挥，吸引外部投资者的投资，但这是以融资市场的开放、竞争为前提的，如果国家安排的融资市场存在“歧视性进入”，那么享有融资特权的公司就缺乏提升投资者保护水平的动力。

四、投资者权利保护水平变化的性质：一个利益关系的调整过程

从产权经济学的角度考察，股票、债券等证券类资产可以被视为投资者产权的承载物，投资者认购、持有股票、债券等证券类资产的行为，实质上是利用不同方式（股权或债权），将自己手中可以用于投资的资源投入某个领域，目的是通过承担相应的风险获得投资收益。由于不同证券所对应的资本用途不同，投资者持有证券资产所获取的收益与所承担的风险也各不相同，即投资者享有按照自己的风险—收益偏好来决定资源配置的权利。其对资源配置效率的影响，取决于如何界定投资者与其他利益主体之间的权利边界。在现代股份有限公司中，利益冲突不仅存在于股东与经理之间，而且存在于控股股东与中小投资者之间。由于拥有信息优势，控股股东有动力、有能力利用自己的控股地位攫取控制权私人利益，从而在边界上侵害中小投资者权益。中小投资者由于面临着严重的信息不对称问题，而且由于集体行动的问题，其自我保护能力最弱。因

① ［美］E. G. 菲吕博腾，S. 配杰威齐：《产权与经济理论：近期文献的一个综述》，原载《经济文献杂志》，1972（10）。引自：［美］R. 科斯、A. 阿尔奇安、D. 诺斯等：《财产权利与制度变迁——产权学派与新制度学派译文集》，207 页，上海，上海三联书店、上海人民出版社，1994。

此，投资者保护制度作为一种公共产品，指的是通过各种正式、非正式规则，界定并实施中小投资者与内部人（包括控股股东在内）之间的权利边界，保护中小投资者的利益免遭公司控股股东的侵害，从而维持其对证券市场的信心。在投资者保护完善的情况下，即当投资者权利得到清晰的界定与实施，消除了不确定性时，投资者可以得到运用产权的全部收益，从而激励投资者追求产权的收益，实现资源的优化配置。如果对投资者的保护力度不足，也就是投资者权利的界定与实施不完全，投资者权利中那一部分未被清晰界定或有效实施从而处于无主状态（即公共领域）的利益，就会引发各方的争夺，刺激了分配性努力，抑制了生产性努力。

本章小结

1. 本章首先介绍了产权以及产权保护的一般理论，然后对投资者权利的制度构成以及投资者权利保护的三种实施方式——自我实施、国家之外的第三方实施以及国家实施及其关系进行了分析，并认为投资者权利边界取决于多个实施主体，投资者权利保护的实际水平的确定是三种实施方式的综合。

2. 投资者权利保护水平的决定取决于不同状态：阿罗—德布鲁式证券由于交易成本为零，价格的变化可以在瞬间实现，投资者权利得到完全的界定与实施，不需要外在的制度，如法律、习俗等实施投资者保护；在存在正交易成本的世界中，投资者权利保护状况取决于制度的功能，如果制度功能是导向资源优化配置的，则投资者权利的界定与实施将是一个持续降低现实世界中存在的有碍于资源优化配置的交易成本的过程。对投资者权利的初始界定会导致一系列次级制度安排以降低交易成本，抵消非理性行为对资源配置的影响，从而向新古典世界的资源配置效率趋近。

3. 国家在投资者权利保护中的作用具有两重性：一方面，一个强有力的政府建立统一、完善、规范的证券市场，对投资者权利的实现至关重要；另一方面，一个强大的、具有足够权威性的、保护投资者权利的政府，又有可能运用权力侵犯投资者权利。因此，投资者权利受到的侵害存在两个来源：国家与其他利益主体。投资者权利首先是“公法”调整的范畴，规范国家与投资者之间的“权力”与“权利”的界限，在此基础上才是“私法”调整的范畴，规范

（中小）投资者与（控股）投资者之间、投资者与证券市场上其他利益相关者之间的利益关系。

国家对投资者权利保护的实施作为一种公共产品，其供给水平要受制于国家效用目标与社会福利目标是否一致、国家目标收益实现的交易特征与监督成本以及界定与保护投资者权利的直接成本，并通过影响投资者权利保护的其他实施方式间接影响投资者保护水平。

4. 投资者权利保护水平的变化是一个利益调整过程。虽然提升投资者保护水平有利于优化资源配置，但是投资者保护水平的变化在性质上并不是一种帕累托式的改进，它涉及控股股东与中小投资者之间的利益边际的调整，因而是一种利益的再分配。

第四章　政府主导下的投资者保护水平及其对证券市场效率的影响

第一节　我国证券市场的政府主导性特征

关于“政府主导”，有学者认为是指政府在“实现有利于推动经济增长和缓解随之产生的政治、经济、文化等方面的矛盾而形成的一种主导作用”（翟年祥、项光勤，2008）。本书认为，所谓政府主导性，主要指由于政府对社会经济生活具有强有力的控制能力，因此政府自身利益在制度形成及变迁方向方面具有主导作用，政府能够使符合自身利益的制度安排在全社会推行、实施。我国证券市场的发展具有明显的政府主导性，即证券市场的发展模式、节奏与变化轨迹渗透了政府的意图。政府主导的证券市场，可以被认为是一种金融控制政策，以区别于传统的金融抑制或金融约束（王晋斌，2007）。

一、我国政府主导证券市场的原因分析

（一）政府主导经济的原因及其影响

1. 政府主导经济的一般性原因解释

相比西方国家历来将亚当·斯密的“守夜人”政府奉为圭臬，我国一直以来就有国家主导经济的传统。因此，学者对于我国政府主导经济进而主导制度变迁的原因的研究，尽管视角迥异，但观点有相似、相通之处，主要从历史角度进行分析。例如，有人追溯到我国的近代史，认为是由于近代以来国家权力的涣散所导致的国家权力的危机感（任剑涛，2007）。这种观点认为，由于1840年以来，中国的国家权力体系一直处于难以聚集国家力量的状态，到了国民党统治时期，尽管有形式上的中央权力机构，但内有军阀割据、国内战争，外有列强威胁与日本入侵，国民党的政权实际上是乏力的权力体系，所以，1949年后，一种国家权力的危机感支配下的政权建设一直影响着权力思维，执政党与国家权力系统都以对经济发展的推动来显示自己掌握权力的合法性与正当性。

季卫东（2008）追溯得更为久远，认为中国采取的是“有产政府”的制度设计，政府为了摆脱行政开支对税收规模的依赖，按照“自力更生”的办法开辟财源。大概以汉武帝时代为起点，政府历来积极介入市场并热心地直接参与交易。周业安（2000）认为，中国政府直接介入制度创新活动并不是因为要提供有利于社会福利最大化的新制度安排，而是面对开放社会中外部规则的激烈竞争，认识到必须寻求新的外部规则，即外部规则之间的竞争压力迫使政府不得不启动学习机制，通过各种方式获得大量成功的制度安排的知识，并把它们转换成本土语言，这种模仿加创新的外部规则形成过程构成了外显的政府主导改革的过程。

2. 政府主导经济的影响分析

首先，政府的主导性有助于形成共容利益[①]（encompassing interests），从而诱使政府关心并努力提高全社会的生产率（奥尔森，2004），因而政府主导经济存在有利于经济效率的一面；其次，政府对经济的主导作用还会对政府作为公共产品供给者的角色产生影响。政府直接参与经济活动，使得其作为规则的界定与实施者，并非是独立的第三方，因而在其作为产权所有者与其他主体之间产生利益冲突时，难以保持中立地位；又因其作为产权所有者，以合法暴力为后盾，也不能与其他利益主体处于平等的地位。季卫东（2008）认为，国家作为经济方面博弈的竞技者出现，很容易造成公私混淆、与民争利的局面，从而使得关于纳税人权利、公共服务等法律意识无从生成，公共服务带有恩惠施舍的性质。

（二）政府主导证券市场的原因和背景

我国证券市场的建立与发展，是一场符合国家成本—收益计算的诱致性制度变迁。对于制度变迁的方式划分，林毅夫（1989）结合拉坦的诱致性制度变迁理论和戴维斯、诺斯对政府强制性制度安排的论述，认为有两种类型的制度变迁：诱致性制度变迁和强制性制度变迁。前者是指现行制度安排的变更或替代，或者是新制度安排的创造，由个人或一群人在响应获利机会时自发倡导、

① 奥尔森（2004）认为，如果某位理性地追求自身利益的个人或某个拥有相当凝聚力和纪律的组织能够获得该社会所有产出增长额中相当大的部分，并且同时会因该社会产出的减少而遭受极大的损失，则该个人或组织在此社会中便拥有一种共容利益。与之相对应的是狭隘利益（narrow interests），即个人或组织只享有或损失社会产出增减量的微不足道的部分，所热衷的是通过再分配上的争斗来寻求该社会产出的更大份额。

组织和实行。后者是由政府命令、法律引入和实行。黄少安（2004）对这种分类提出了不同意见，认为政府也是十足的经济人或自身效用最大化者，对其制度变迁行为的唯一解释就是追求政府自己效用的最大化，本质上与别的制度变迁主体一样，也是受制度变迁所能带来的收益所引诱。本书依照黄少安的观点，将我国证券市场制度的建立视为一种政府出于自身利益而利用行政手段从上到下推行的诱致性制度变迁。

在改革过程的初期，在财政收入占国民收入的比重逐年下降的同时，民间聚集了大量的可用于投资的资源（储蓄）。为了保持渐进式改革中制度变迁的连续性和稳定性，国家需要对国有经济进行资源支持。由于中国一直没有寻找到一种通过税收制度获取金融剩余的有效途径，[①] 国家通过建立起具有垄断性产权的国有银行，动员分散的民间金融资源来对国有经济进行资源支持（张杰，1998），通过给予国有企业融资特权以换取税收。其在产权经济学的性质，就是对改革所形成的来自民间的可以用于投资的经济资源，以国家信用担保的无风险收益的形式，部分承认这部分资源持有者的收益权。这在当时的情况下，是成本最低的将民间资源集中统一地按照国家意图使用的方式。

但随着这种制度安排方式的持续，内生交易费用大量增加，隐含的巨大的金融风险开始显露。国有银行与储蓄者之间的预算硬约束关系，国有银行与国有企业之间由于公有产权所导致的预算软约束关系，国有银行、储蓄者、国有企业三者之间的双重债权债务关系导致大量不良债权的生成，会导致信用链条的断裂，从而潜伏着系统性的金融危机。证券市场制度可以使金融资源的供给者直接与需求者以股权投资形式相联结，从而避免国有银行充当信用中介所可能导致的系统性金融危机。徐沛、白钦先（2006）也认为，股票市场是在银行体系为国家提供金融剩余的能力逐渐削减的情况下，国家寻求的新的控制金融剩余的方式。因此，作为一场政府主导下的制度变迁，证券市场制度的自上而下的铺开是符合政府利益的。我国中央政府政治权力的稳固性、权威性及其对经济活动的强控制能力，降低了这种政府推动性制度安排的成本，而且此前的国有银行信贷资金安排方式所赋予的制度安排实现方式的惯性也进一步地降低了其推行成本。正如戴维斯与诺斯所分析的，“一旦一个政府性安排为人们所接

---

① 在1994年分税制改革以前，中央政府一直没有建立自己的征税机构，其税源易受到地方政府的侵蚀。

受，那么它的推广的政治成本就会下降；因某项计划而建立起来的现存官僚政治的基础，经常可以相对更便宜地扩展到另一个方案的使用上”①。

二、政府主导下证券市场的特殊功能

（一）证券市场的一般功能

对于一般意义上的证券市场（金融市场）功能，学者们的观点与表述各不相同，但内容相近。例如，学者们通常认为包括聚敛功能、配置功能、调节功能、反映功能（张亦春、郑振龙，2003）。Armando Gomes（2000）认为，股权市场的主要角色不是为公司融资，而是为公司的所有者提供将特质性风险（idiosyncratic risks）多元化的能力并为其提供流动性。陈琼华（2007）认为，所有的股票市场都具有如下功能：动员储蓄、降低风险、监督经理和实施公司控制及资源配置。关于我国证券市场所具备的具体功能，陈梦根（2007）认为，其具有金融支持职能、促进企业转制职能、改革投融资体制的职能、培育市场理念的职能、推动经济体制市场化的职能等。

（二）我国证券市场被赋予的特殊功能

政府主导下证券市场的制度变迁，是政府动员分散的民间金融资源实现政府目标的产物，因而证券市场被赋予了特殊的功能——改革承接功能，即当国有垄断银行制度动员资源的内生交易成本越来越大时，作为力不从心的国有垄断银行制度的下家，解决庞大的改革成本问题，其肩负着建立现代企业制度、为国有企业解困、筹集社会保障资金等一系列任务。国家效用目标的多元化决定了所赋予的证券市场功能的多元化。因此，我国证券市场制度的建立，并非是以资源配置效率导向的，国家有动力将分散的民间资源导向符合其利益的部门——国有部门，尽管有种种实证研究表明，民营经济比国有经济具有更高的效率②。

① ［美］L. E. 戴维斯、D. C. 诺斯：《制度变迁与美国经济增长》。引自：［美］R. 科斯、A. 阿尔奇安、D. 诺斯等：《财产权利与制度变迁——产权学派与新制度学派译文集》，301 页，上海，上海三联书店、上海人民出版社，1994。

② 例如，以对股东和债权人的回报来衡量，以每使用 100 元资产所创造的工业增加值来衡量，国有工业企业的业绩都低于非国有工业企业（张春霖，2008）。

三、政府主导证券市场的方式

政府主导我国证券市场的发展，先后经历了行政手段控制、调控法律法规的实施力度，即掌握法律手段的自由裁量权等不同的阶段。

（一）行政手段控制

在我国证券市场发展的早期，政府采取额度指标管理的审批制度，即国务院证券委员会根据国民经济发展需要及资本市场实际情况，先确定当年的发行总额度，然后根据各个省级行政区域、行业地位和需要，将额度指标下达至省级政府或行业主管部门，由其在指标限度内推荐企业，再由中国证监会审批企业发行股票。1993 年、1994 年、1996 年和 1997 年的发行额度分别是 50 亿元、55 亿元、150 亿元和 300 亿元（中国证券监督管理委员会，2008a）。①

对于这种“执法之外的机制”（beyond law enforcement），许成钢、皮斯托认为，这种分散化行政治理（administrative governance）建立了一个激励结构，解决 IPO 阶段所产生的信息问题，有效弥补了薄弱的正式法律制度的不足，帮助中国证券市场的发展取得相对成功。他们认为，在多数发达金融市场，强制信息披露规则试图减少信息问题的发生，但强制信息披露规则的效力有赖于可信的执行机制，有赖于披露信息与公司实际运行之间的合理关系，而转轨经济不能满足这样的条件，因而对于管理转轨经济的新兴股票市场而言，正式法律治理结构并不是唯一的选择。

（二）掌握法律手段的自由裁量权

随着证券市场的发展，政府逐步放弃了通过行政管制方式对证券市场的直接干预，而是颁布法律法规，并调控法律法规的执行时机与力度。1998 年 12 月 29 日由第九届全国人大常务委员会第六次会议通过并于 1999 年 7 月 1 日开始实施的《证券法》，标志着我国证券市场开始进入有法可依的时期。同时，由于《证券法》（包括 1994 年 7 月 1 日开始施行的《公司法》）的规定较为粗线条，其对证券市场的具体指导作用较弱，而通过行政法规、国家各部委相机出台的

---

① “配额制正式的存续期为 1993—2000 年。但事实上，因为许多公司依据配额制而入选上市序列，可真正上市往往需要一定时间，所以配额制对金融市场实际发挥作用的时间会更长。虽然有关配额制下哪家公司是‘末代公司’的信息我们不得而知，但毫无疑问，直到 2002 年底，绝大多数当时实现上市的公司仍是配额制下的产物。”（皮斯托、许成钢，2005）

规章和规范性文件等，国家掌握着证券市场发展的具体裁量权。

第二节 政府主导下的证券市场的发展特征

我国政府主导下的证券市场，因为要满足制度的设计主体——政府的需要，所以与自然演进的证券市场相比，我国证券市场具有一些独到的特征，这些特征既体现了新兴资本市场的共性特征，也与我国证券市场的政府主导性不无关联。

一、股市规模的增长主要依靠外延性扩容来实现

因为国家希望通过证券市场解决国有企业面临的资金困境问题，而安排企业发行股票并上市是解决问题的手段，所以发行与上市规模的不断扩张造就了证券市场规模的不断增长。股市规模的增长只有两种模式：一是现有股票的增值，二是新股票的发行（包括首次上市、增发以及配股）。前者属于内张型成长，即通过内部膨胀来进行市场扩张；后者则属于外延型扩容，即依靠对外扩张来实现（高潮生，2002）。高潮生通过将股市总值的变化分拆为以指数收益率衡量的内张型成长部分和以二者之差为代表的外延型扩容部分，发现美国股市规模的增长主要来自现有股票增值，而中国股市规模的增长主要来自新股发行（见表4－1）。

表4－1 中美两国股市规模增长机制的比较 单位:%

年份	美国			中国		
	股市总值变化	指数收益变化	二者之差	股市总值变化	道琼斯中国指数收益变化	二者之差
1994	－1.3	－2.5	1.2	4.5	－39.4	43.9
1995	35.3	33.4	1.9	－5.9	－15.6	9.7
1996	23.7	18.8	4.9	183.3	124.9	58.4
1997	33.3	29.2	4.1	78.1	37.9	40.2
1998	23.0	21.7	1.3	11.3	－12.2	23.5
1999	23.8	22.0	1.8	35.7	15.9	19.8
2000	－9.9	－11.8	1.9	81.7	49.3	32.4
2001	－11.1	－12.1	1.0	－9.5	－25.5	16.0
平均值	14.6	12.3	2.3	47.4	16.9	30.5

资料来源：高潮生：《破解股市迷思》，载《财经》，35～55页，2002（14）。

二、股票市场与债券市场的不均衡性

股票与债券是公司的两种主要通过直接融资手段筹集外部资金的方式，也是证券市场上投资者可以选择的两种基本投资工具。债券市场在一国的金融体系中具有重要的地位。“成熟的债券市场是一个国家金融市场的基石。债券市场为金融体系提供巨大流动性，为全社会投资者提供低风险的投资工具，是传导中央银行货币政策的重要载体。债券市场所形成的收益率曲线是社会经济中一切金融商品收益水平的基准。”① 与股票相比，债券出现的时间较早：“在投资中，股票出现较晚。作为一种相对麻烦的管理方式，股票是作为最后凭借的金融工具。”② 两者在公司融资中的重要程度也不同。Mishkin（2001）曾解释了八个金融之谜，其中之一③是发行股票并非企业融资的最重要来源。Mishkin 认为，股权合约容易受到道德风险的影响：掌握公司控制权的代理人会按照自己的利益行事而不是按照股东利益最大化的原则行事。如果一种合约使道德风险仅在某种状态下产生，就可以减少对经理人的监督需求，从而比股权合约更有吸引力。债权合约具有这种特征：当公司利润很高时，债权人得到合约规定的收益而无须知道公司的确切利润；而当经理人隐瞒利润或从事对个人利益有利而对公司利益不利的活动时，只要公司能够支付债务，债权人就无须介入。只有当公司难以偿付债务时，才需要债权人确定公司的利润状态。债权合约不需要经常介入公司监督因而确认公司状态的成本较低的特点，使得债权合约比股权合约更普遍，股票并不是公司最重要的融资来源。因此，在自发演进的证券市场上，股票市场的规模要小于债券市场的规模（见表4－2）。

在我国，相对于债券市场，股票市场得到了超常发展。由于股份的永久性特征，以股权方式筹资与以债券方式筹资相比，可以减轻国有企业的还本付息压力，因此在政府主导下，股票市场得到了超常的发展，相形之下，债券市场

---

① 孙国峰：《启动债市》（编者按），载《财经》，19 页，2002（5）。

② ［美］奥利弗·威廉姆森：《经济组织的逻辑》，原载《法学、经济学与组织杂志》第 4 卷第 1 期，65～93 页，1988 春季号。引自：陈郁：《企业制度与市场组织——交易费用经济学文选》，72 页，上海，上海三联书店、上海人民出版社，2006。

③ 另外七个金融之谜是：发行可流通的债权与股权式证券并非企业为经营活动融资的主要方式；间接融资比直接融资重要数倍；银行是企业外部融资的最重要的来源；金融系统是经济中受到最严格监管的部门之一；只有大型、组织良好的公司可以通过证券市场为其经营活动融资；抵押是居民与企业债务合约的重要特征；债务合约是极其复杂的法律文书，对债务人的行为施加了相当的限制。

发育滞后（见图4－1、图4－2）。在债券市场的内部构成中，国债与金融债券占据了绝大部分市场规模①，公司债券市场的发展尤为滞后（见图4－3）。

表4－2　美国公司新证券的发行规模　单位：10亿美元

证券＼年份	1970	1980	1990	1995
股票	8.1	21.9	40.2	100.9
债券	24.366	44.65	298.9	753.2

资料来源：［美］马丁·舒贝克著，王永钦译：《货币和金融机构理论》，57页，上海，上海三联书店、上海人民出版社，2006。

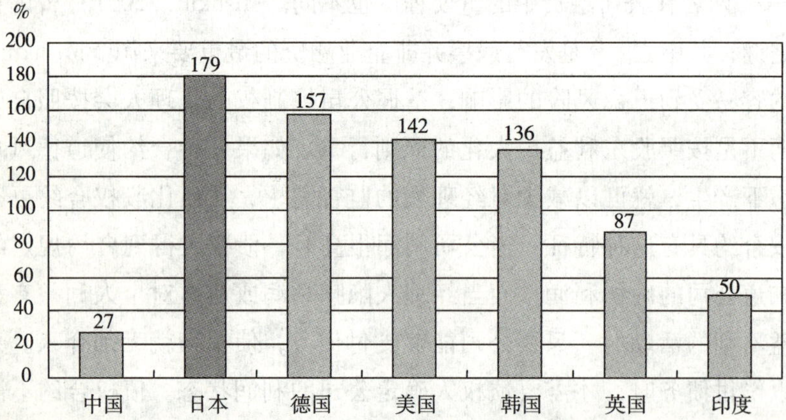

注：中国数据截至2007年底，其他国家数据截至2006年底。

资料来源：中国证券监督管理委员会：《中国资本市场发展报告》，84页，北京，中国金融出版社，2008。

图4－1　债券市场与股票市场相对规模的国际比较

三、股票市场的高度投机性

政府主导下的证券市场中，国家股占据股票市场的一定比重（见表4－3），“一股独大”的现象使得中小投资者对证券市场的投资并非基于对宏观经济与上市公司业绩的长期判断，而是基于对政府意图的揣摩与捕捉，因而股票市场表

① 2007年底，中国债券市场总量中90.3%为国债、政策性金融债及普通金融债；企业债规模仅为4 507亿元，约占债券市场总量的5.2%；短期融资券、资产支持证券、可转债、上市公司债等产品累计仅占债券市场总量的4.6%（中国证券监督管理委员会，2008）。

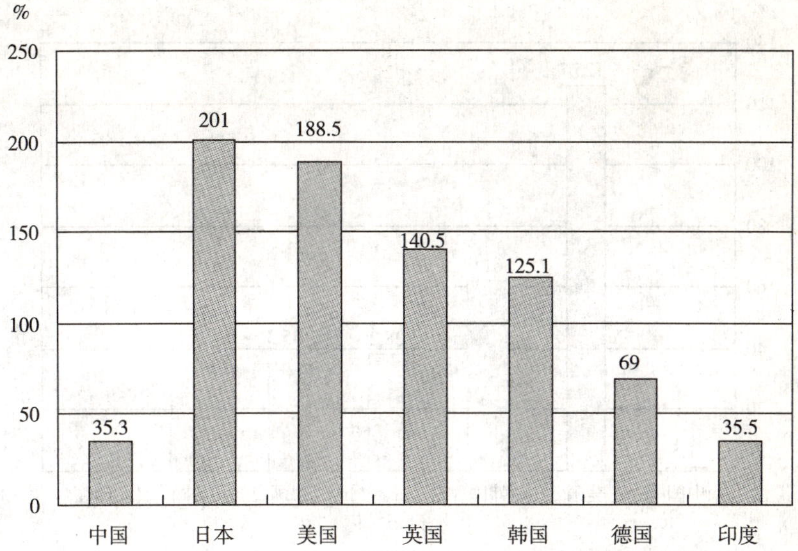

注：中国数据截至2007年底，其他国家数据截至2006年底。

资料来源：中国证券监督管理委员会：《中国资本市场发展报告》，90页，北京，中国金融出版社，2008。

图4－2 各国债券市场规模与GDP的比值

现出高度的投机性，其换手率远远高于其他国家的股票市场（见图4－4）。

表4－3　　我国上市公司的股权结构

年份	国家股占比	国家股与法人股占比	非流通股占比	流通股占比
1992	0.41	0.55	0.69	0.31
1993	0.49	0.58	0.72	0.28
1994	0.43	0.54	0.67	0.33
1995	0.39	0.55	0.64	0.36
1996	0.35	0.54	0.65	0.35
1997	0.32	0.54	0.65	0.35
1998	0.34	0.55	0.66	0.34
1999	0.36	0.55	0.65	0.35
2000	0.39	0.56	0.64	0.36
2001	0.39	0.56	0.64	0.36

资料来源：Franklin Allen, Jun Qian and Meijun Qian, Law, Finance, and Economics Growth in China, Journal of Financial Economics, Vol. 77, No. 1, pp. 57－166, 2005.

四、严重单一的股票交易市场结构

一国的证券交易市场一般具有多层次性：既有集中的证券交易所，又有分

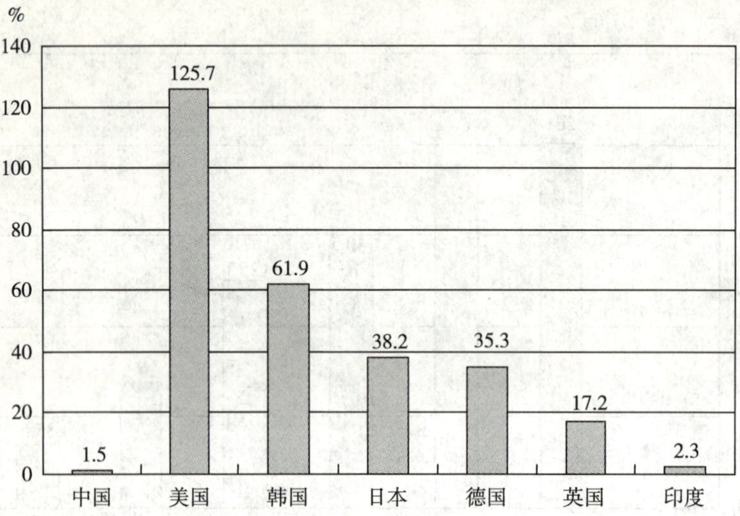

注：中国数据截至2007年底，其他国家数据截至2006年底。

资料来源：中国证券监督管理委员会：《中国资本市场发展报告》，91页，北京，中国金融出版社，2008。

图4-3　各国公司债券市场规模与GDP的比值

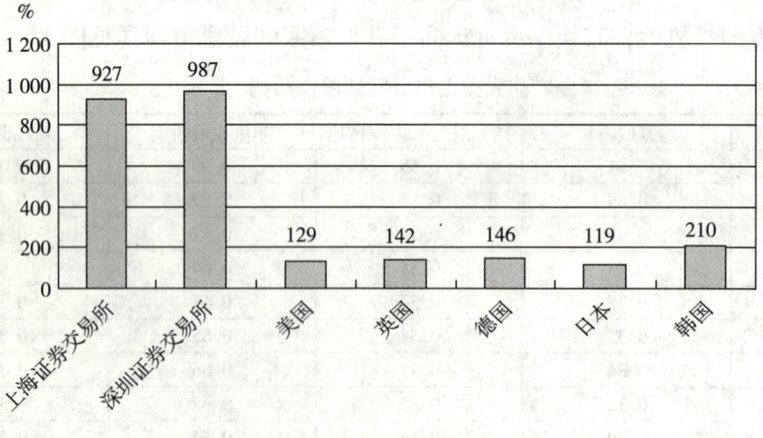

注：中国数据为2007年的数据，其他国家数据为2005年的数据。

资料来源：中国证券监督管理委员会：《中国资本市场发展报告》，115页，北京，中国金融出版社，2008。

图4-4　股票市场换手率的国际比较

散的场外市场，从而满足不同公司所发行证券的不同交易需求。由于高度集中的证券交易市场有利于降低政府的干预、调控成本，我国的证券交易市场发展表现出高度的不平衡性：国家关闭了各地的证券交易中心以及全国证券交易自动报价系统、中国电子交易系统，同时，集中的证券交易所交易市场得到了迅速的发展扩张。与此相对应的是其他证券交易场所的极度萎缩（见图4－5），多元化的证券市场远未形成。

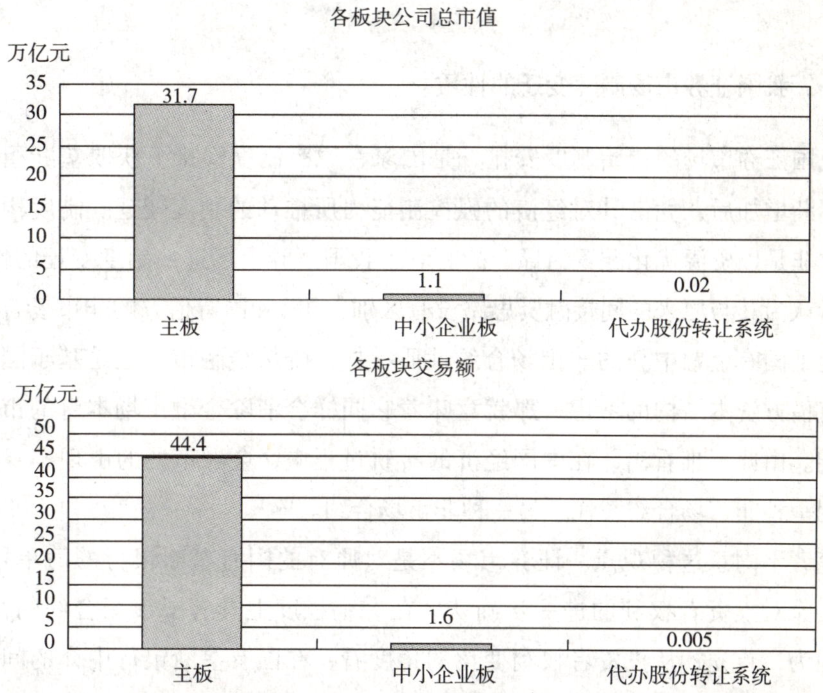

资料来源：中国证券监督管理委员会：《中国资本市场发展报告》，87页，北京，中国金融出版社，2008。

图4－5　2007年底中国股票市场各板块基本情况

五、国有企业享有证券市场融资特权

我国证券市场的一个重要特征是，“与其他新兴市场与转型经济国家中以私有产权为主导的股权结构相比，国有股在中国上市公司的股权结构中占据着主导地位”①。自1994年实行的《公司法》是为国有企业量身设计的，它为国企的公司化制定了详尽的程序（皮斯托、许成钢，2005）。截至2004年底，我国上

① 上海证券交易所研究中心：《中国公司治理报告（2006）》，27页，上海，复旦大学出版社，2006。

市公司总股本为7 149亿股，其中非流通股份4 543亿股，占64%；国有股在非流通股份中占74%。①

第三节 政府主导下投资者保护的特征

一、我国证券市场制度变迁的性质

我国证券市场的初始制度安排，是国家在原有制度安排下获取垄断租金的成本不断增加后，凭借其对经济的强控制能力所推动的制度变迁。制度构建的初衷并非是以资源优化配置为导向的。对于我国证券市场这一制度变迁的性质，有学者认为其与原来的间接融资思路没有区别："就和国有借方的非市场合约性质决定了国有金融中介的非市场合约性质一样，既然金融市场也是基于国家解决国有借方资本结构的考虑，那就意味着它同样会消除金融市场本身的市场合约基础。由此不难看出，在中国经济的转轨过程中，金融市场的出现本身实质上是用一种非市场合约替代了另一种非市场合约。"②

笔者不同意这种观点。证券市场不是对原有的国有垄断银行的简单替代，而是国家对投资者权利的进一步确认，在一定程度上具有了市场合约的性质。这是因为，首先，从投资者权利变化的角度看，在国有垄断银行中介的间接融资情况下，投资者没有投资方向的决策权，金融资源是按照信贷计划投向符合国家利益的企业；而证券市场是直接融资的场所，投资者决定资源的投向（尽管是受到限制的），因此投资者具有一定的资源投向选择权。其次，在是否可以退出方面，在间接融资的国有金融中介一统天下、其他金融产品严重匮乏的情况下，投资者是没有退出权的，而投资者可以选择退出证券市场。因此，从制度变迁来看，尽管国家仍主导着投资者的资源流向，但与原来的国有金融中介相比，证券市场在一定程度上具有了市场合约的性质。最后，更为重要的是，从市场的参与主体来看，证券市场的开放性、证券的可流通性塑造了非人格化的利益主体，因而与间接融资的国有垄断金融相比，有利于打破利益主体的凝固化。

---

① 中国证券监督管理委员会：《中国资本市场发展报告》，50页，北京，中国金融出版社，2008。

② 张杰：《经济变迁中的金融中介与国有银行》，130页，北京，中国人民大学出版社，2008。

二、政府主导的证券市场上投资者权利保护的性质

我国证券市场是服务于政府目标而建立的，因而证券市场的基本制度之一——投资者权利保护制度是实现政府目标利益的手段。因此，我国证券市场上的投资者保护问题与国外研究所涉及的投资者保护有着本质的区别。在国外资本市场上，投资者保护主要指通过法律保护中小投资者免遭控股股东侵害；而在我国，证券市场上有相当数量的上市公司是由国有企业经过股份制改造转换而来的，证券市场肇始于解决国有企业的融资问题，因而控股股东与中小投资者的关系，或者说中小投资者权利保护问题表现为国家与投资者之间以及由此形成的国有企业转化而来的上市公司与中小投资者之间的关系，体现了国家作为“有产者”，其获取控制权私人利益与其作为一个公共产品供给者，保护中小投资者免受因控制权私人利益而遭受损失二者之间的权衡。投资者保护不力、利益被侵害的问题看似属于一般公司治理问题范畴（契约制度），实质上隐含着国家对投资者的掠夺（产权制度）以及由此形成的公共领域内的投资者权利所招致的其他利益相关者对投资者利益侵犯的双重性。这既是张五常（1974）所说的“非排他性收入的耗散”，也是巴泽尔所说的对处于公共领域的财产权的攫取过程。

三、政府主导下投资者权利保护的特征

（一）从纵向制度变迁的视角来看，我国从国有垄断银行制度向证券市场直接融资制度的转换扩大了投资者的资源控制权

如果将投资者保护的性质视为尊重并保护投资者自由配置资源的权利，那么，我国证券市场制度的构建、证券类直接融资资产的供给，与国有垄断银行制度供给存单从而将分散的民间资源集中由国家统一支配相比，扩大了投资者制度上（或结构上）可行的选择集合，使投资者由原来的只能投资于银行存单、获取无风险报酬转为可以根据自己的风险—收益偏好选择证券集合（符合国家利益的限制性集合）。与以往的制度安排相比，投资者对资源投向的选择范围扩大，而且股份的自由流通降低了资源在不同行业之间的进入与退出成本，对投资者权利的界定水平得到了提升。因此，从纵向的制度变迁来看，当政府维持原有制度成本的上升时，政府有动力通过行政手段推动制度变迁，通过释放手中的权力、扩大投资者权利来实现资源配置效率的提升。

（二）投资者收益权的实现主要依靠资本利得形式

投资者产权中的收益权的实现，有现金股息与资本利得两种形式。由于国家将民间金融资源引入国有经济部门的初衷是解决国有企业的资本金不足的困境，投资者难以通过股息、红利形式从所投资的对象获取投资收益，其收益权的实现主要通过资本利得形式。国家通过制定对证券市场走向形成直接影响的政策、措施（包括控制新股的发行节奏），来对投资者收益权进行调节。同时，国家有动力打击操纵市场的投机资本，以减少其对中小投资者造成的利益损失，维护中小投资者的参与约束。

（三）政府对投资者权利的相机保护需求决定了保护模式以公共实施为特征

La Porta、Rafael、Florencio Lopez - de - Silanes 和 Andrei Shleifer（2006）在研究证券法规的哪些方面对证券市场的发展起作用时，将证券法规可能起作用的方面分为私人实施（private enforcement）与公共监管实施（public regulatory enforcement）。前者指的是证券法规通过信息披露要求、义务规则的透明化等降低私人缔约与诉讼成本，后者指的是证券法规通过公共监管力量的介入实施处罚。其研究表明，证券法规之所以起作用，是由于其私人实施而非公共监管实施，证券法规的公共监管实施对证券市场发展的影响不显著。

在我国证券市场上，政府对投资者权利的保护体现为看似矛盾的两方面：首先，证券市场制度设计的起点与投资者权利保护存在根本性冲突。证券市场上投资者保护制度的设计目的，就是保护中小投资者的利益不受控股股东侵犯，因而投资者保护水平与控制权私人收益呈反方向变化：投资者保护水平越高，控制权私人收益越低；投资者保护水平越低，控制权私人收益越高。在以由国有企业改制而成的上市公司为主体的证券市场上，国有股占据了绝对比重，处于控股股东地位。国家推动证券市场制度建立的初衷，就是希望实现对分散的社会资源的符合国家意志的集中控制与使用，表现在居于控股地位的国有股与中小投资者之间的关系上，就是使国有股的控制权收益最大化。因此，制度设计的起点与投资者保护存在着根本性的矛盾，国家没有供给投资者保护的动力。其次，作为社会支持最大化及经济增长的追求者，国家有动力去抑制证券市场上的其他利益主体对投资者利益的侵犯，以维持投资者对证券市场的信心。

以上两方面决定了在我国证券市场上，政府需要相机保护投资者利益：既实现自己的控制权私人收益，又要阻止其他利益主体侵害因没有清晰界定而处于“公共领域”的投资者权利，因而对投资者权利的保护模式以通过政府监管机构实施公共监管为特征，而不强调通过降低投资者的诉讼成本等激励投资者对权利的自我维护，对投资者的司法救济在投资者保护方式中不占据主要地位。政府主导型的证券市场上的投资者保护是一种自上而下的保护，没有建立起一种“触发”机制，使中小投资者可以根据具体情况，自发地利用某种渠道维护自己的利益，投资者保护成为一种“被动式”保护，即将投资者保护置于一种相机性的策略之下，是否进行保护、保护多久、保护的程度与力度都取决于国家这个保护人的利益实现状况，其根据证券市场的运行状况进行调控，从而使中小投资者的实际保护水平处于波动中。

私人实施机制匮乏的表现之一就是迄今为止，我国还缺乏对投资者权益保护的私人诉讼机制（皮斯托、许成钢，2005）。2001 年 9 月 21 日，最高人民法院向各级人民法院发出了关于暂不受理上市公司民事赔偿的通知，该通知承认“内幕交易、欺诈、操纵市场等行为损害了投资者的合法权益”，但又指出，“受目前立法及司法条件的局限，尚不具备受理及审理这类案件的条件”。2002 年 1 月，最高人民法院又下发了一个关于受理证券市场因虚假陈述引发的民事侵权赔偿纠纷案件有关问题的通知，对证券市场因虚假陈述引发的民事侵权赔偿纠纷案件予以受理，但虚假陈述行为须经中国证券监督管理委员会及其派出机构调查并作出生效处罚决定。这样一来，投资者维护自身利益的行动实际上就要受制于政府的监管力度，其自发的维权行为受到了极大的制约。

如何看待公共实施机制的作用呢？尽管国外文献认为，公共实施对证券市场的发展作用并不显著，但是投资者权利的保障需要行政、司法与市场机制等一系列的制度安排的彼此制衡，通过市场参与主体的自律与他律的结合方成为可能，而这是一个长期的制度建设过程，不可能一蹴而就，需要给市场制度的完善留出时间与空间。[①] 因此，政府利用行政手段控制证券市场的发展节奏及事前审查、事后处置的行为，在客观上是有利于节约交易成本、维护投资者权利、优化资源配置的，而效果的实现有赖于政府对经济的强控制能力。

---

① 一个例子是：在麦科特（000150）欺诈上市案中，会计师事务所为其出具了严重失实的审计报告，资产评估事务所为其出具了严重失实的资产评估报告，律师事务所为其出具了严重失实的法律意见书，证券公司参与编制了严重失实的发行申报文件（参见《财经》2002 年第 6 期，23 ~ 39 页）。

（四）政府的强势抑制了投资者保护其他实施方式的发展

在政府主导下建立起来的证券市场上，规则是被赋予的，没有经历一个非正式规则上升为正式规则的过程，属于一种“强制性产权”，在合约实施过程中国家的强势抑制了其他实施方式的发展，因而在投资者保护的各种实施方式的分布中，国家实施与自我实施、其他第三方实施之间不能保持一个合理的均衡。“强制产权不是内生的，结果它们可能无法同其他互补性的本土规范和制度相结合……当拥有权利的人们不重视它们的价值时，他们就不愿意更新他们自己的产权制度，因此产生了自我实施的失败。”“自上而下的授权很难达到与非正式制度同样水平的互补。”①

1. 对投资者保护自我实施的影响

公司自我实施投资者保护的动力来自于：自觉加强投资者保护有利于维护公司形象，从而可以持续不断地吸引投资者的资源。这一机制的发挥是以企业自由进入证券市场竞争资源为前提的。如果国有企业享有融资特权，不需要与其他企业竞争以获取证券市场资源，其是否能够获得融资取决于行政管理机关而非公司实施的投资者保护水平，那么企业也就缺乏通过建立机制自我实施投资者保护、取悦投资者的激励。另外，只有当控股股东保护外部投资者的利益引起公司价值的增加，从而使控股股东财富的增加部分超过其侵害外部投资者而占有的私人利益时，控股股东才有保护外部投资者的积极性。但是在股权分置改革前，控股股东持有的股权不能够流通，控股股东不能享受保护外部投资者、公司价值增加带来的利益，因而其缺乏保护外部投资者的动力。

2. 对投资者保护其他第三方实施的影响

国家实施的投资者保护与其他第三方实施的投资者保护之间的关系，体现了政府与社会的关系。我国长久以来就有“强政府、弱社会”的传统。陈国权、李院林（2008）认为，在我国，政府与社会的关系突出反映在如下几方面：政府替代社会，从而对社会产生了挤出效应，迫使社会去功能化；政府渗入社会，从而瓦解社会的自我维续和自主发展的基本能力；政府钳制社会，从而导致社会的发展滞后。在证券市场上，投资者保护的其他第三方实施者是证券交易所

① ［美］简·恩斯明格：《变更产权：非洲正式和非正式土地产权的协调》，2003。引自：［美］约翰·N. 德勒巴克、约翰·V.C. 奈编，张宇燕等译：《新制度经济学前沿》，202 页、210 页，北京，经济科学出版社，2003。

与行业性自律组织——证券业协会。但是，按照我国《证券法》的规定，证券交易所的设立必须经国家批准。① 从1997年8月15日起，国务院将证券交易所划归中国证监会直接管理，证券交易所的总经理和副总经理由中国证监会任命，理事长、副理事长由中国证监会提名，理事会选举产生。这就使得证券交易所这一自律机构在性质上类似于政府机构的延伸，其自身缺乏独立性，交易所之间缺乏通过建立监管声誉而竞争上市资源的激励，因而其对作为第三方实施所需的制度供给不足，如信息披露制度、公司治理标准等。

另一方面，就是证券行业自律组织的边缘化。中国证券业协会自成立以来，一直处于附属地位，不能独立发挥其职能。对于投资者保护进行界定与实施的不同力量所作用的同一个市场空间中，如果强势政府的权力覆盖范围过大，以致抑制了行业协会的活力和自主性，则最基础层次的、原则性、粗线条的法规与纷繁复杂的具体市场交易行为之间由于传递链条过长，无法通过行约、行规进行细化，市场行为主体便只以“不违法即可”作为选择行动的出发点，而正式法规的可操作性的匮乏使得行动的这一最后边界也是模糊不清的。

（五）使投资者保护制度的次级制度安排的推出时机与效果受制于国家效用目标

由于投资者保护制度并非作为一项独立的证券市场制度存在，而是依附于行政权力，国家根据其效用目标的实现程度来相机调控（利用行政手段或控制法律的执行力度），从而使投资者保护边界的变化与调整受制于国家目标收益的实现需要。当交易主体在初始界定的空间内进行交易从而产生新的不确定性时，是否会产生新的契约或制度安排并不取决于交易主体维护自身利益的动力，而取决于制度的供给者——政府是否有动力这样做，等到制度供给主体认识到持续性的制度供给的匮乏可能导致初始的制度安排面临威胁，进而导致其自身的利益受到威胁时，相应的进一步的制度供给才会成为可能。证券投资者保护基金制度与投资基金制度就体现了这一点。

1. 证券投资者保护基金制度

2005年6月30日，中国证监会、财政部、中国人民银行联合发布《证券投资者保护基金管理办法》，并据此设立了证券投资者保护基金，所筹集的资金用

---

① 《中华人民共和国证券法》第一百零二条规定：“证券交易所的设立和解散，由国务院决定。”

于在防范、处置证券公司风险时对投资者的保护。这一制度的形成背景就是屡屡出现证券公司挪用客户交易结算资金造成巨额亏空，最后为了社会稳定而被迫由政府承担无限责任。

2. 投资基金制度

在国外，投资基金制度是基于降低中小投资者的风险、实现投资组合的目的而建立起来的。“共同基金起始于19世纪早期，它们一般是为了使小投资者从分散投资的机会中获利而成立的，否则这些小投资者将无法获得这种分散投资的机会。”① 这是因为：“给定投资的搜寻、交易和其他规定成本，共同基金发展之前唯一能够有效分散它们投资组合的投资者是机构投资者或富有的个人，一般的小投资者不得不投资于一个相对不分散的投资组合并承担相应风险。”“共同基金有特定的吸引力，它们使小投资者从他们自己难以获得的分散的投资组合中获利。共同基金能够提供给投资者大量的各种各样的为他们的个人风险—收益偏好量身定做的投资组合。”②

正如马丁·舒贝克所说，“对高效、原子式的交易与生产技术的需求是金融工具产生的原动力。但是一旦这些工具存在了，它们就为政府提供了控制和税收的机会”③。因为控制为数有限的投资基金比控制分散的投资者成本要低，所以组建投资基金成为国家控制证券市场发展的手段（曹啸，2006）。旨在实现国家在证券市场上的利益的代理人与普通投资者之间发生利益冲突时，国家有动力对前者实行利益倾斜（例如新股发行时对机构投资者进行网下配售），国家在证券市场上实现其利益的方式决定了其没有对投资者一视同仁地进行保护的激励。投资者权利受到“歧视性保护”，不同投资者的权利边界是不一致的。

（六）投资者的自我维权行为受制于对政府行为的预期

政府主导型的证券市场的发展路径，使得行政意图成为市场调控的风向标，

① Brauer, G. A., “Closed – end Mutual Funds”, in P. Newman, M. Milgate and J. Eatwell (eds), The New Palgrave Dictionary of Money and Finance, Vol. 1, London: Macmillan, p. 375, 1992. 此处转引自凯文·多德（2004）。

② ［英］凯文·多德著，丁新娅、桂华、胡宇娟等译：《竞争与金融》，152页、162页，北京，中国人民大学出版社，2004。

③ ［美］马丁·舒贝克著，王永钦译：《货币和金融机构理论》，69页，上海，上海三联书店、上海人民出版社，2006。

从而使投资者的行为决策建立在判断政府意图、对政府干预政策进行预期的基础上，而非基于对风险的预期。这削弱了投资者权利的自我维护意识及投资的风险意识，导致道德风险与非理性行为。“（政府）常以行政力量阻止企业在市场情况不好时上市，这一政策的原意是减少市场状况欠佳时的筹资压力，但客观的效果是严重的道德风险——让股民觉得政府有义务和能力调控市场升跌，而忘记了投资者本身最终要对投资负责。”①

在客观效果上，投资者对政府行为的预期反映在股票价格上。当预期与政府行为一致时，投资者的损失程度就会降低。陈冬华等（2008）认为，证券监管部门、地方政府、上市公司与中小投资者之间存在隐性契约，中小投资者能够察觉到此隐性契约并反映在股票定价中，因而其因公司丑闻而遭受的损失会以股价下跌较少的形式得到一定程度的补偿。

第四节 政府主导下投资者保护水平的选择对证券市场效率的影响研究

根据上一节的分析，在政府主导下的证券市场上，国家根据自身利益以及实现自身利益的成本，相机调控证券市场的发展节奏及投资者保护水平。那么，这种受制于国家效用目标的投资者保护水平是否会对市场参与主体的行为产生影响，从而对证券市场效率产生影响呢？本节拟对我国证券市场上投资者保护水平的纵向变化对证券市场效率的影响进行实证考察。

一、文献回顾

如第二章所述，很多国外文献使用跨国数据对投资者保护与诸变量之间的关系进行了实证分析，即将一国的投资者保护水平设成是固定的。与国外文献不同的是，国内研究对我国证券市场上的投资者保护水平进行了纵向考察。

（一）关于投资者保护的指标设计及阶段划分

1. 投资者保护水平的指标设计

现有的研究对我国投资者保护水平的衡量指标的选取大体有这样几种做法：

---

① 陈昌华：《A股市场还有希望吗?》，载《财经》，2005（13）。

（1）辛宇和徐莉萍（2007）以樊纲和王小鲁（2004）编制的我国各地区市场化指数来表示不同地区的投资者保护水平，其理由是：即使在一个国家内部，由于地区间经济和社会发展的不平衡，各地区间也存在治理环境差异，而地区间治理环境差异进而会影响上市公司的制度成本和外部投资者保护水平。我国各地区适用统一的法律，单纯从法律制度差异上没有办法刻画各地区之间的投资者保护水平的差异。然而，各地区市场化程度的不同、政府治理环境和投资环境的差异导致了各地区执法有效性的差异。与此相类似的是，王鹏（2008）用各地区法律环境来刻画执行力度，数据来自樊纲和王小鲁（2004）所计算的市场中介组织发育和法律环境水平。

这种选取衡量投资者保护水平的指标的做法，其优势在于便于进行我国境内各地区之间的横向研究。

（2）以 LLSV（1998）的投资者保护水平的法律指标衡量我国投资者保护水平（Franklin Allen，Jun Qian and Meijun Qian，2005），其优点是便于进行投资者保护水平的跨国比较（见表 4－4），其不足之处是难以考察我国投资者保护水平的纵向变化，而且我国法律实施的衡量指标远低于 LLSV 样本国家（见表 4－5），使得建立在法律文件基础上的衡量投资者保护水平的数值缺乏可靠性。

表 4－4　　　　投资者保护水平的跨国比较

项目 \ 不同国家的均值	英国渊源国家均值	法国渊源国家均值	德国渊源国家均值	斯堪的纳维亚渊源国家均值	LLSV 样本国家均值	中国均值
一股一票	0.17	0.29	0.33	0	0.22	1
允许邮寄投票	0.39	0.05	0	0.25	0.18	0
股东大会前对股份无限制	1	0.57	0.17	1	0.71	0
累计投票	0.28	0.29	0.3	0	0.27	0
受压少数股东机制	0.94	0.29	0.5	0	0.53	1
优先认股权	0.44	0.62	0.33	0.75	0.53	1
要求召开特别股东大会的最少股份比例	0.09	0.15	0.05	0.1	0.11	0.1
抗董事会权利指数	4	2.33	2.33	3	3	3
强制股息	0	0.11	0	0	0.05	0

资料来源：Franklin Allen，Jun Qian and Meijun Qian，Law，Finance，and Economic Growth in China，Journal of Financial Economics，Vol. 77，No. 1，pp. 57－116，2005.

表 4－5　　法律实施比较

不同国家的均值 / 项目	英国渊源国家均值	法国渊源国家均值	德国渊源国家均值	斯堪的纳维亚渊源国家均值	LLSV 样本国家均值	中国均值
司法系统效率	8.15	6.56	8.54	10	7.67	NA
法律规则	6.46	6.05	8.68	10	6.85	5
腐败	7.06	5.84	8.03	10	6.9	2
剥夺风险	7.91	7.46	9.45	9.66	8.05	NA
合约否认风险	7.41	6.84	9.47	9.44	7.58	NA
会计制度的可靠性	69.62	51.17	62.67	74	60.93	NA

资料来源：Franklin Allen，Jun Qian and Meijun Qian，Law，Finance，and Economic Growth in China，Journal of Financial Economics，Vol. 77，No. 1，pp. 57－116，2005.

还有的研究以 LLSV（1998）的投资者保护水平的法律指标为基础，结合我国有关部门颁布的投资者法律保护条款进一步细化而成，如沈艺峰、许年行和杨熠（2004）、许年行和吴世农（2006）、王鹏（2008）等。沈艺峰等人（2004）从两大方面设定与中小投资者法律保护有关的十六项条款：（1）股东权利方面。他们在 LLSV 所设计的六项条款的基础上，增加了重大事项（如分立、合并和解散）的表决方式条款。（2）其他制度与政策方面。沈艺峰等人（2004）认为法律对中小投资者的保护除了确保投资者相关权利的行使外，还从其他制度和政策的制定上保护中小投资者的权益，主要包括信息披露制度、会计和审计制度、送配股政策、大股东和董事的诚信义务和忠实义务以及外部独立董事等九项条款。许年行和吴世农（2006）在沈艺峰等人所构建的中小投资者法律保护体系的框架上又引进了执法力度指标。这种选取衡量投资者保护水平的指标的做法，其优势是便于考察纵向的、不同时期的投资者保护水平的变迁，不足之处是对各政策条款的赋值大小容易带有主观性。

2. 关于投资者法律保护的阶段划分

沈艺峰、许年行、杨熠（2004）认为我国保护中小投资者的法律经历了一个从弱到强、逐步健全的过程，将我国中小投资者法律保护划分为三个阶段：第一阶段是中小投资者法律保护的初级阶段（1994 年 7 月以前），第二阶段是中小投资者法律保护的发展阶段（1994 年 7 月至 1998 年 7 月），第三阶段是中小投资者法律保护的完善阶段（1999 年 7 月以后）。游家兴、张俊生、江伟（2006）（以下简称游文）以六个标志性事件，将我国股票市场的发展划分为七个时间段。

这种认为投资者保护水平随时间推移而自然提升的观点有值得商榷之处。首先，阶段的划分过于粗略；其次，国外的实证研究表明，随着投资者保护水平的提高，证券市场的广度与深度应提高。如果我国投资者保护水平是一个逐步完善、提升的过程，那么也应该符合这一规律，但现实并非如此，我国证券市场的发展呈现出波动性。我国境内股票筹资与固定资产投资额的比率如表 4－6 所示。

表 4－6　我国境内股票筹资与固定资产投资额的比率

年份	境内股票筹资额（亿元）	固定资产投资额（亿元）	比率（%）
1992	94.09	8 080.1	1.16
1993	314.54	13 072.3	2.41
1994	138.05	17 042.1	0.81
1995	118.86	20 019.3	0.59
1996	341.52	22 913.1	1.49
1997	933.82	24 941.1	3.74
1998	803.57	28 406.2	2.83
1999	897.39	29 475.2	3.04
2000	1 541.02	32 917.7	4.68
2001	1 182.13	27 826.6	4.25
2002	779.75	32 942.0	2.37
2003	823.10	55 118.0	1.49
2004	862.67	70 477.4	1.22
2005	338.13	88 773.6	0.38
2006	2 463.7	109 870.0	2.24

注：境内股票筹资包括 A 股与 B 股。

资料来源：中国证券监督管理委员会网站。

（二）对于证券市场效率的衡量

1. 证券价格中公司特定信息含量效率与资源配置效率的关系

大多数金融学家认为股票价格运动可以反映信息，而信息包括市场整体的信息、行业信息与个别公司特定的信息（Roll，1988）。为了验证这一点，Roll 进行了实证检验，结果发现：在美国市场上，将所有的解释因素包括在内，大型公司的月度回报波动也不足 40%，相当的特定公司回报变化并不与公开的信息相关联。Roll 认为，这要么意味着存在私人信息，要么意味着存在与信息形成无关的狂乱（frenzy unrelated to concrete information）。那么到底是什么原因导致的呢？在 Roll 研究的基础上，Durnev 等人（2003）进行的后续研究发现：在总的股票回报变化中，更高的特定公司回报变化意味着股票价格中存在更多的隐藏信息，因而股票价格是更为信息化的股票价格（more informative stock price）。股票价格信息化被定义为股票价格包含多少未来收益的信息。更多特定公司回报变化意味着更多反映公司基本面的信息在股票价格中的资本化，即更有效的股票市场而不是更加充斥噪音的股票市场。Durnev 等人认为这一发现具有重要经济意义：如果股票价格接近其基本面价值，资本就可以根据其不同用途而正确定价，同时，股票价格变动时公司经理层收到有意义的反馈，这两点将导致资本在经济上的有效配置。在另一研究中，Durnev 等人（2001）提出，这种增加的公司特定信息资本化密度（increased firm - specific information capitalization intensity）通过两个渠道与真实投资决策相连：首先，股票价格中更多的公司特定信息能缓解与获取外部融资相关的柠檬问题，因而降低外部融资成本；其次，股票价格中更好的公司特定信息能通过增加公司透明度，以及提供给董事会与经理层更有意义的反馈来缓解投资不当问题（malinvestment，包括过度投资与投资不足）。在其后的另一份研究中，Durnev 等人（2004）指出，衡量公司是否接近其最优规模的指标与股票价格中公司特定回报波动高度正相关，从而再度强调了公司特定回报波动的确可以作为股票价格信息含量的衡量指标，即股票回报波动中公司特定回报波动占的比重越大，股票价格在功能上越有效，而且股票市场价格上的有效性对真实经济中的资本配置有重要意义。

2. 关于证券市场价格中公司特定信息含量的衡量

Roll（1988）使用了特定股票回报波动对市场回报波动回归的 R^2 作为衡量特定股票信息含量的指标，即 R^2 越大，说明股票价格所包含的信息中公司特定信息的含量越高。这一衡量指标为 Morck 等人（2000）、Durnev 等人（2001，2003，2004）所使用。在国内的研究中，游文使用了这一指标来衡量股票价格中公司特定信息的含量，并得出结论：伴随制度建设的逐步推进与不断完善，我国股票价格所反映出的公司特定信息越来越丰富。本章借鉴游文的研究方法，来探讨国家对投资者保护水平的变化对股票价格中公司特定信息进而对证券市场价格效率引导真实资源配置的影响。

二、关于政府主导下投资者保护水平的资源配置效应的理论假设

根据前文分析，本章提出如下假设：在政府主导下的证券市场上，国家根据自身利益的实现需要，对证券市场上的投资者利益进行相机保护，从而使得投资者保护水平处于波动之中。市场的参与者能够察觉到这种保护水平的变化，从而对自己的行为进行调整，即当国家加强对投资者利益的保护时，市场上的风险套利者认为自己搜寻公司特定信息的收益会增加，从而具有更强的激励搜集、处理公司特定信息，并使之资本化于股票价格中，股票价格中公司特定信息的含量会上升；而当国家出于自身利益的考虑侵犯投资者利益时，即投资者保护水平降低时，风险套利者发现自己搜集、处理公司特定信息的收益减少，从而抑制其搜集、处理公司特定信息的努力，这使得股票价格中的公司特定信息含量降低。

三、指标的选取

（一）关于投资者保护水平波动的衡量

本章参考游文对我国证券市场制度建设进程进行阶段划分的方法，以国家在不同时期根据自身利益所颁布的法令、所出台的政策措施为标志，来区别不同时期国家对投资者实施保护的不同程度。阶段划分如下：

1. 首先，以《证券法》开始实施作为研究区间的起点。《中华人民共和国证券法》于1998年12月29日由第九届全国人大常务委员会第六次会议通过，并于1999年7月1日开始实施，这标志着我国证券市场开始进入有法可依的时期。

2. 随着国有企业的冗员逐渐向社会释放，社会保障基金的缺口加大，国家通过证券市场筹集社会保障资金的紧迫性增加。[①] 2001年6月12日，国务院发布《减持国有股筹集社会保障资金管理暂行办法》。其中第五条规定，凡国家拥有股份的股份有限公司（包括在境外上市的公司）向公共投资者首次发行和增发股票时，均应按融资额的10%出售国有股；第六条规定，减持国有股原则上

① "中国60岁以上的人口已经超过10%，现在每年筹集到的养老金大约在4 000亿元，主要是用于支付现有的3 600万参保退休人员的养老保险金，支出也达到3 600亿元，正处在入不敷出的边缘。由于资金不足，对于中西部25个地区，中央财政和地方财政去年拨款超过1 000亿元来弥补养老金支出之漏洞。"（薛澜，2004）

采取市场定价方式。这一政策的出台侵害了中小投资者的利益，主要表现在：其一，此前一直是“暂不流通”的国有股，现在以“减持”形式获得流通权，其产权束的扩大并未征求流通股股东包括中小股东的意见，单方面宣布进入流通是以国家的“公权”侵犯流通股股东与非流通股股东之间通过谈判协调权利关系的“私权”；其二，大量的国有股进入流通市场，会造成股份供给量增加，此前根据已有流通量确定的由投资者持有的股票的价格必然下跌，从而造成投资者的损失；其三，以市场定价方式使国有股的出售价格远高于其获取成本。因此，此政策的出台导致投资者预期的国家侵害力度增加，投资者搜寻特定股票信息的努力被削减，股票价格中公司特定信息的含量会降低。

3. 2002 年 1 月 15 日，最高人民法院出台《关于受理证券市场因虚假陈述引发的民事侵权纠纷案有关问题的通知》。尽管该通知要求，法院受理的虚假陈述民事赔偿案件，其虚假陈述行为须经中国证券监督管理委员会及其派出机构调查并作出生效处罚决定，而且规定，对于虚假陈述民事赔偿案件，人民法院应当采取单独或者共同诉讼的形式予以受理，不宜以集团诉讼的形式受理，但是，与 2001 年 9 月 21 日最高人民法院向各级人民法院发出的关于暂不受理上市公司民事赔偿的通知相比，说明国家对投资者因虚假陈述遭受的损失要求赔偿的权利，予以界定并实施保护，因而可以认为投资者保护水平得到提升，股票价格中的公司特定信息的含量将会增加。

4. 2005 年 8 月 24 日，证监会、国资委、财政部、中国人民银行、商务部联合发布《关于上市公司股权分置改革的指导意见》。同年 9 月，深交所、上交所和中国证券登记结算公司发布了《上市公司股权分置改革业务操作指引》，详细规定了上市公司股权分置改革的操作流程，标志着股权分置改革进入全面实施阶段。笔者认为，股权分置改革将有利于促进投资者保护水平的提高，这是因为：一是与国有股减持方案相比，股权分置改革尊重了流通股股东的权利；二是股权分置改革完成后，股票价格的高低直接关系到非流通股股东即控股股东的利益，有利于原流通股股东与非流通股股东在利益上的一致，因此与以往相比，有利于投资者保护的自我实施水平的提升。尽管有研究认为，《关于上市公司股权分置改革试点有关问题的通知》没有支持公众投资者的历史诉求，几乎没有保护他们免受改革带来的流通股供给冲击的权益（唐国正、熊德华、巫和懋，2005），但与国有股减持方案相比，该方案体现了对投资者利益的尊重，而且已有研究也认为,《关于上市公司股权分置改革试点有关问题的通知》保护了公众投资者免受改革在公司层面产生的潜在的不利影响,支持了流通股股东通过谈判与非流通股股东分享改革产生的利益(唐国正、熊德华、巫和懋,2005),因此,股票价格中的公司特定信息含量增加。

5. 2006年1月1日,修订后的《证券法》开始实施。2005年10月27日第十届全国人大常务委员会第十八次会议通过的修订后的《证券法》与原《证券法》相比,对法律责任进行了更为详细的界定。同时,修订后的《公司法》也于2006年1月1日开始实施。修订后的《公司法》与原《公司法》相比,增加了上市公司设立独立董事以及选举董事、监事时可以实行累积投票制等内容,应该认为是对投资者保护水平的提升,于是股票价格中的特定公司信息含量增加。

6. 2007年5月29日,财政部决定从次日起,调整证券交易印花税税率,由交易额的1‰调整为3‰。这种事前没有任何预期的税率上调提高了投资者的交易成本,是对投资者利益的侵害,导致股票价格中的公司特定信息含量降低。

本章提出的投资者保护水平波动影响股票价格中公司特定信息含量的变化方向的假设如表4-7所示(将1999年7月1日开始作为第一个研究阶段)。

表4-7　投资者保护水平变化影响股票价格中公司特定信息含量的假设

阶段	时间	法律、政策	对股票价格中公司特定信息含量的影响
1	1997-07-01	《证券法》实施	—
2	2001-06-12	《减持国有股筹集社会保障资金管理暂行办法》	降低
3	2002-01-15	《关于受理证券市场因虚假陈述引发的民事侵权纠纷案有关问题的通知》	增加
4	2005-08-24	《关于上市公司股权分置改革的指导意见》	增加
5	2006-01-01	修订后的《证券法》实施	增加
6	2007-05-30	印花税税率上调	降低

(二)对股票价格中公司特定信息含量的衡量

本章采用游文的方法,在各研究阶段内,将公司股票价格回报变动率对市场回报率进行回归。与游文的不同之处在于:(1)本书采用日收益率,以增加观察值的数量;(2)本书对研究区间的划分依据既考虑到政府加强证券市场制度建设从而提升投资者保护水平的政策,也考虑到政府为了自身利益而侵害投资者权利的政策；（3）本书的研究区间进一步向后推移。

$$R_{i,t} = \beta_{j,0} + \beta_{i,m}R_{m,t} + \varepsilon_{i,t}$$

其中，$R_{i,t}$表示第 i 只股票在阶段 t 的日回报率，$\beta_{j,0}$表示截矩，$\beta_{j,m}$表示回归系数，$R_{m,t}$表示在阶段 t 的市场日回报率，$\varepsilon_{i,t}$表示残差。

四、实证分析

（一）数据来源及说明

本章所使用的股票价格与股价指数的原始数据来自于飞狐交易师软件，包括在上海证券交易所上市的所有 A 股股票，并进行了以下剔除：（1）剔除 ST、PT、SST、*ST、S*ST 股票。（2）剔除退市或长时间停牌、在研究区间内没有交易数据的股票。（3）剔除在研究区间内交易数据少于 1 个月的股票，以减少小样本的影响。（4）剔除长期停牌（3 个月）后复牌首日的数据。研究区间为 1999 年 7 月 1 日至 2008 年 7 月 31 日。所使用的股票价格数据已经进行了复权处理（向前复权）。使用上证 A 股指数的日回报率表示市场回报的变化。回报率的计算采用百分比收益率，即

$$R_j = (P_{1j} - P_{0j}) / P_{0j}$$

$$R_m = (I_{1m} - I_{0m}) / I_{0m}$$

其中，P_{1j}、P_{0j}分别表示第 j 只股票相邻两个交易日的收盘价格，I_{1m}、I_{0m}分别表示相邻两个交易日（扣除所对应于股票停牌期间的数据）的上证 A 股指数。

（二）实证结果

不同研究阶段的调整 R^2 的描述性统计如表 4-8 所示。

表 4-8　　各研究阶段的调整 R^2 的描述性统计

研究阶段	样本数量	均值	中值	标准差	最大值	最小值	偏度	峰度
1	526	0.299547	0.309482	0.116652	0.633495	-0.003571	-0.291665	2.991367
2	520	0.602406	0.636635	0.160798	0.853578	-0.005374	-1.03632	3.679037
3	726	0.411578	0.429979	0.116924	0.65321	-0.001175	-0.931985	4.211047
4	720	0.365239	0.369268	0.170644	0.965561	-0.019906	-0.002866	2.607562
5	745	0.273631	0.276507	0.108307	0.99873	-0.003463	0.461832	6.675438
6	765	0.417214	0.425913	0.119384	0.797297	-0.003518	-0.648379	4.503648

通过表4－8可以非常明显地看出，在我国证券市场上，随着投资者保护水平的变化，股票价格中公司特定信息的含量或证券市场效率也在变化，其在整体上呈现出不断提高的趋势的同时，又经历着动态的起伏，即当政府加强投资者权利保护时，调整 R^2 的均值与中值都下降；而当政府出于自身利益侵害投资者权利时，调整 R^2 的均值与中值都反转上升。因此，政府对投资者权利的保护水平直接影响股票价格中的公司特定信息含量，进而影响证券市场价格所引导的真实资源的配置效率。表4－9则显示出各研究阶段的调整 R^2 的差异是显著的。

表4－9　各研究阶段的调整 R^2 的差异显著性检验结果

研究阶段	1～2	2～3	3～4	4～5	5～6
独立样本T检验值	－34.827*	23.051*	6.047*	12.178*	－24.444*

注：*表示在1%的水平上显著（双尾检验）。

（三）稳健性检验

上述实证结果采用的是全样本，下面使用固定样本进行检验。利用在1999年7月1日前上市并在各研究阶段都有交易数据的360只股票，再度进行上述研究，结论一致（见表4－10、表4－11）。

表4－10　固定样本下各研究阶段的调整 R^2 的描述性统计

研究阶段	样本数量	均值	中值	标准差	最大值	最小值	偏度	峰度
1	360	0.291048	0.303916	0.114126	0.633495	－0.001989	－0.396779	3.051448
2	360	0.589504	0.625367	0.168568	0.853578	－0.005374	－0.951061	3.393524
3	360	0.402847	0.425188	0.119656	0.639410	－0.000683	－0.934129	3.986836
4	360	0.37574	0.375915	0.173767	0.965561	－0.019906	－0.010607	2.836355
5	360	0.268295	0.270163	0.115878	0.99873	－0.003463	1.007294	8.829986
6	360	0.409309	0.42443	0.107435	0.670818	－0.003281	－0.776915	4.194953

表4－11　固定样本下各研究阶段的调整 R^2 的差异显著性检验结果

研究阶段	1～2	2～3	3～4	4～5	5～6
独立样本T检验值	－27.829*	17.114*	2.477**	9.775*	－16.976*

注：*表示在1%的水平上显著，**表示在5%的水平上显著（双尾检验）。

五、对实证结果的解释与亟待研究的问题

通过上述实证结果，我们可以得出以下结论：

1. 与投资者保护水平对资源配置效率影响的跨国研究结论相同，从我国证券市场的纵向发展来看，我国投资者保护水平与资源配置效率存在正相关性，投资者保护水平的提升会引起资源配置效率的提高。

2. 与已有的结论认为我国证券市场制度建设逐步完善进而投资者保护水平逐步提升，股票价格中的公司特定信息含量逐步增加不同，本书通过实证分析指出，我国证券市场上的投资者保护水平并非是持续地提升，而是在总体提升的趋势中呈现出波动性，而投资者权利保护水平的变化导致证券市场效率在总体提升的同时也存在着反复与波动。

如何对以上现象进行解释呢？我国证券市场上的投资者权利保护的特殊性，使得通常意义上属于公司治理层次的控股股东与中小投资者之间的利益冲突表现为国家或其代理人与中小投资者之间的利益冲突。与此同时，国家的另一个角色是公共产品的供给者。供给保护中小投资者权利的制度，是国家职责的应有之义。那么，国家的这两种角色之间是如何协调的？国家供给保护中小投资者权利的制度，从而促使投资者保护水平提升的动力源自何处？政府主导下的投资者保护水平是如何决定的？既然投资者保护水平的提升有利于资源优化配置，那么如何避免投资者保护水平的波动，使其能够持续提升？这些都是亟待研究的问题。

本章小结

1. 我国证券市场具有政府主导性特征。政府主导下的证券市场相对于成熟证券市场呈现出一系列特征，表现为股票市场与债券市场的结构失衡、股票市场相对于债券市场的超常发展、股市规模的增长主要依靠外延性扩容来实现、单一的集中的证券交易市场、股票市场的高度投机性、国有企业享有证券市场融资特权。政府主导下的证券市场的形成原因，从制度变迁角度来看，就是证券市场作为国有商业银行的下家，承担了为国有企业融资的职能，从而相应地弱化了其资源配置功能。政府在证券市场发展的不同阶段利用了不同手段实现其主导性。

2. 我国证券市场的性质是一场政府主导下的诱致性制度变迁，这一变迁肇始于国有垄断金融中介对国有经济的扶持的延续，是间接融资方式动员民间资源的交易成本上升后直接融资对间接融资的一种替代，其并非是资源配置效率导向的。

3. 政府主导下的证券市场上的投资者保护特征主要体现在这样几个方面：从纵向制度变迁的视角来看，我国从国有垄断银行制度向证券市场直接融资制度的转换，意味着投资者保护水平的提升；对投资者的相机保护需求决定了证券法规的公共监管实施特征；政府的强势抑制了其他实施方式的发展，投资者保护的不同实施方式之间难以实现均衡转换；投资者保护制度的次级制度安排的推出时机与效果受制于国家目标；投资者的自我维权行为受制于对政府行为的预期。

4. 政府主导下的投资者保护水平的变化对证券市场效率产生了影响。与跨国研究的结论相同的是，本书通过对我国纵向的投资者保护水平与证券市场效率变化关系的研究，认为投资者保护水平与资源配置效率正相关。我国证券市场由政府主导，投资者保护水平受制于国家在证券市场上的效用目标及其变化，具有波动性特征，而投资者保护水平的这一变化特征导致证券市场效率在总体提升中存在着反复与波动。

第五章　国家目标收益与产权保护的关系

第一节　我国投资者保护水平的选择：一个理论解释

通过上一章的实证分析可以看出，政府主导下的我国证券市场上投资者保护水平的基本特征是：首先，在总体水平上，投资者保护水平趋于提升；其次，政府根据自身利益的内容以及实现自身利益的方式，决定着投资者保护水平的选择以及投资者保护方式的变化，投资者保护水平在总体提升中存在着波动。本节拟对这一现象进行理论解释。

一、国家在证券市场上的目标利益

（一）国家目标利益的文献回顾

对于被纳入国家目标收益中的具体“利益”都包括哪些，学者们的表述有所不同。例如，王红领、李稻葵、雷鼎鸣（2001）认为包括三个方面：企业的效率、税收贡献以及政府控制企业的政治利益（政府可以通过对国有企业的控制权维护社会稳定等）。杜恂诚（2004）认为，可以分为三个层次：第一个层次体现为政府的财政能力，即政府可支配的国民收入和社会资源的多少；第二个层次体现为政府某个部门的利益，包括财政收入、寻租收入和管辖权的大小；第三个层次体现为政府中某些掌权人物为自己牟利的职务寻租。

对于我国证券市场上国家的目标收益，学者们也有不同的表述。例如，陈梦根（2007）认为，政府在证券市场上的目标包括三个部分：（1）内部目标，包括市场规模、市场结构、效率状况等；（2）外部目标，包括市场化改革、国有企业改革、财政收入、宏观经济目标等；（3）证券市场价格指数。林智乐（2005）认为，国家直接控制股市的收益包括：（1）股市中的交易费用——税收与罚没收入；（2）国有金融中介的经营收益与所得税贡献；（3）股市为国有经济提供的金融支持；（4）国有股权在股市上的增值收益。国家承担的成本包括：

（1）信息成本与监管成本；（2）国有经济的效率缺失所造成的损失。

（二）我国证券市场上的国家目标利益

本书认为，由于我国正处于转轨过程中，因此我国证券市场上的国家效用目标可以简化为以下两点。

1. 获取社会剩余所带来的税收收益

这一收益通过供给保护投资者权利的公共产品，促进社会储蓄向投资的转化，发挥证券市场的资源配置功能，从而增加社会的有效产出，促进经济增长而实现。

2. 实现财富再分配以保持转轨过程的稳定性

这一利益在性质上相当于隐性税收。其具体内容随着国家在转轨过程中不同阶段的目标而变化，实现手段也不同。在证券市场建立初期，由于国有企业承担着大量人口的就业，为了减少隐性失业的显性化对社会稳定的影响，国家在引导资源流向时实行所有制歧视，向国有企业倾斜，为国有企业融资成为国家主导证券市场的主要目标，这一目标主要通过证券市场的融资功能得以实现，从而减轻国有银行的压力，给国有银行体系的改革留下喘息之机。同时，出于意识形态的考虑，没有赋予国有股流通权。随着转轨过程的推进，国有企业的冗员向社会释放，隐形失业逐渐显性化，筹集社会保障基金并使之保值增值成为国家主导证券市场的主要目标。国家利用自己在证券市场上的强势地位，将“暂不流通”的国有股推向流通市场。此外，国家在证券市场上的目标收益还包括税收收益（以证券交易印花税的形式实现）以及其他收益，例如实现社会保障基金的保值增值、通过对投资基金的调控来实现财政收入的增加等（一些国有资金只能通过参与投资基金的形式间接参与证券市场）。

二、国家主导证券市场的目标函数

（一）基本假设

本章假设：国家作为一个追求利益最大化的主体，追求政治支持的最大化与经济收益的最大化，其总利益由社会剩余利益与垄断租金利益构成。社会剩余通过供给保护产权的公共产品，激励外部性的内部化，从而促进经济增长而获得。垄断租金利益则在转轨过程的不同阶段有不同的构成、不同的紧迫程度。国家目标收益中社会剩余利益与垄断租金利益的权重，取决于国家攫取垄断租金利益的成本、国家对于社会剩余利益的预期以及垄断租金利益对于国家的紧迫性。当国家攫取垄断租金利益的成本提高、对于社会剩余利益的预期增加时，国家会提高其总收益中来自社会剩余利益的权重；而当国家面临的攫取垄断租金利益的紧迫性增加、获取垄断租金利益至关重要时，国家会提高总效用目标中来自垄断租金利益的权重。

国家在证券市场上的这两种收益的实现途径，决定了国家在投资者保护水平的设置上存在着两难冲突：要实现前者，就要求国家以权威的第三者身份供给规则，充分保护投资者的权利，使市场自发地发挥资源配置导向功能；要实现后者，国家就必须限制投资者自由配置资源的权利，通过一定的制度安排，将分散的民间金融资源引向符合政府利益的部门，实现财富的再分配。

（二）目标函数

Enrico Perotti 和 Paolo Volpin（2007b）认为，政策制定者选择投资者保护水平以最大化以下目标函数：

$$\max_{\delta} U = \max_{\delta}(1-\beta)L(\delta)+\beta S(\delta)$$

其中，$\beta \in [0, 1]$，衡量政策制定者对社会剩余的关心程度；S（δ）表示社会剩余，是投资者保护水平的函数；L（δ）表示在给定的投资者保护水平下，政策制定者所收到的政治酬金。

借鉴以上效用函数形式，可以写出我国政府主导下证券市场的目标函数。

$$\max U = \max[\beta R_1(\delta)+(1-\beta)R_2(\delta)]$$

其中，δ 表示投资者保护水平，$\delta \in [0, 1]$；R_1 表示社会剩余，即其与投资者保护水平正相关，假设这一收益是严格凹的、可微的，函数形式为 $R_1 = a\delta - 1/2\delta^2$，$a>1$；$R_2$ 表示垄断租金利益，国家通过以控股股东身份侵害中小投资者权利，以攫取控制权私人收益的形式获取这一收益，假设其与投资者权利保护水平严格负相关，函数形式为 $R_2 = -c\delta$，$c>0$，但为了保持投资者的参与约束，$\delta \geqslant \varepsilon$，$\varepsilon$ 为介于（0，1）之间的正数；$\beta \in [0, 1]$，表示 R_1 在总收益中所占的比重，主要受制于国家攫取垄断租金利益的紧迫性，例如解决转轨瓶颈问题的紧迫性、获得税收收益的紧迫性等。

上述效用函数可以写成

$$U = \beta(a\delta - 1/2\delta^2)+(1-\beta)(-c\delta)$$

$$\text{s.t. } \delta \geqslant \varepsilon$$

拉格朗日函数是

$$Z = \beta(a\delta - 1/2\delta^2) + (1 - \beta)(-c\delta) + \lambda(\delta - \varepsilon)$$

根据库恩—塔克条件，通过互补松弛，可以得到效用最大时的投资者保护水平。

$$\delta = a - [c(1 - \beta)/\beta\theta]$$

对β求偏导

$$\partial\delta/\partial\beta = (c/\theta)(1/\beta^2) > 0$$

因此，使效用最大的投资者保护水平严格随β递增，并要受到$\delta \geqslant \varepsilon$的限制，即投资者保护水平的选择需要考虑到投资者的参与约束。在此基础上，其受制于国家目标收益构成的比重：当社会剩余利益在总目标收益中的比重增加时，最优投资者保护水平提高；当垄断租金收益在总目标收益中的比重增加时，最优投资者保护水平降低。

三、国家实现目标收益的制约因素

对国家而言，为了实现自身利益，在设计投资者保护水平时，需要考虑以下因素。

（一）投资者要求提升权利保护水平的压力

国家的目标之一是追求政治支持的最大化。投资者的集体行动能力越强，越能够发出可置信的退出威胁，为保持投资者参与约束所需要的投资者保护水平ε就越高；同时，满足投资者的参与约束又可以增加国家得到的政治支持，国家将选择较高的投资者保护水平。投资者是否选择退出取决于投资者参与证券市场投资的保留收益。如果投资者权利的保护水平较低，使投资者参加证券市场投资活动所能获取的收益低于保留收益，则投资者会选择退出。

（二）国家攫取垄断租金利益的紧迫程度

依据证券市场上国家所能实现的具体收益形式在不同时期的表现、获取方式以及紧迫程度的不同，国家会在不同时期运用不同的政策，调控投资者保护水平。如果国家降低投资者保护水平所能实现的垄断租金利益对国家而言具有紧迫性，则国家在设置投资者保护水平时，会提高收益中来自垄断租金利益的权重（$1-\beta$）。

（三）资源是否可以自由流动

除以上因素外，国家在设计投资者保护水平时，还需要考虑资源是否可以自由流动。一个国家不可能在孤立的状态下生存，只要与外界存在信息交换，那么来自外部环境的压力就会迫使本国政府根据外部规则作出适应性的制度调整。国家对投资者权利保护的影响只能覆盖本国的管辖区域。当各国的投资者保护水平存在差异时，如果资源可以自由流动，那么本国的投资者就会将资源配置到投资者保护水平较高的国家，资源外流将迫使本国提升投资者保护水平。

四、国家目标函数最大化的投资者保护水平的选择

徐沛、白钦先（2006）认为，中国股票市场上存在着众多的分利集团——国家、地方、特权阶层、上市公司、机构投资者与散户，中国股票市场的制度变迁是国家主导下的分利集团博弈的结果。国家结合各个时期社会与经济发展的需要，对股票市场的制度进行调整，使之满足国家整体战略的需要。同时，参与市场的其他分利集团在国家框定的制度下寻求自身短期利益的最大化。笔者认为，我国证券市场上不同利益集团的力量的成长有一个过程，其对自身利益的认识也存在一个过程，而决定国家的投资者保护水平的外界环境也存在一个变化的过程，从而投资者保护水平也存在一个在不同时期受制于不同因素的变化过程。

（一）证券市场发展初期国家控制下的低水平投资者保护

1. 低水平投资者保护的形成

作为后发国家，我国仿效发达国家，建立了明确的法律法规①，对投资者的利益进行维护，但是纸面上的法律不能被视为切实有效的制度。判断一项规则能否成为制度，关键是看其可实施性，即制度必须是可实施的或可执行的。青木昌彦指出："制度可能表现为明确的、条文化的以及（或者）符号的形式，如成文法、协议或系统界定社会不同角色的社会结构和组织等。不过，关键的一点在于，一种具体表现形式只有当参与者相信它时才能成为制度。"② 他举例说，

① 《证券法》第六十九条规定，发行人、上市公司公告的招股说明书、公司债券募集办法、财务会计报告、上市报告文件、年度报告、中期报告、临时报告以及其他信息披露资料，有虚假记载、误导性陈述或者重大遗漏，致使投资者在证券交易中遭受损失的，发行人、上市公司应当承担赔偿责任。

② ［日］青木昌彦著，周黎安译：《比较制度分析》，14页，上海，上海远东出版社，2001。

政府根据某项法令禁止进口某些物品，但如果人们相信贿赂海关官员可以绕开此项法令，而且这是普遍现象，那么，与其把这项法令视为制度，还不如把这种贿赂现象视为制度更为合适。

根据前文的分析，我国证券市场成为国家在通过国有银行制度控制资源的成本增加的情况下继续控制资源的制度安排，国家目标利益要通过侵害投资者自由配置资源的权利的方式来得以实现，因而国家没有供给投资者保护的激励，作为基本制度之一的投资者保护制度实际上处于缺位状态，投资者权利保护处于较低水平。除此之外，一项基础制度安排如果具有可实施性，则必然有一系列的次级制度安排作为支撑。在我国证券市场上，并不存在证券侵权损失的度量制度、证券民事赔偿制度、集体诉讼制度、投资者保护基金制度、中小股东司法救济制度等一系列旨在持续界定利益界限、保护投资者、降低交易成本的次级制度安排。当然，外在正式规则的存在并非一项制度得以实施的必要条件，如果市场参与主体拥有一致信念，同样可以保证制度的可实施性。我国证券市场作为一种“嵌入”式的制度安排（张育军，2006），缺乏一种深厚的商业文化信仰的依托，没有一整套经漫长岁月所形成的没有间断过的、坚实成熟的道德理念和传统，市场参与者没有形成一套共同的互相理解的术语、概念、逻辑思维、知识结构和知识体系，从而无法共同守护这个市场所赖以生存的基本信念和市场秩序（李曙光，2002）。总之，投资者保护的法律不具有可实施性、投资者的利益被侵害成为一种普遍现象。按照青木昌彦的逻辑，与其把这项法规视为一项制度，还不如把对投资者权利的侵犯、掠夺视为一种制度。

2. 国家在投资者权利保护中的两重性表现

在我国证券市场发展的初期，政府面临着通过证券市场动员民间金融资源、转嫁巨大的改革成本的紧迫性问题，证券市场作为改革思路由间接融资到直接融资环境下的自然延伸，其优化资源配置的功能在市场制度构建初期被弱化，优化资源配置功能而产生的社会剩余并不在国家目标收益中占据较大比重。因此，国家的收益构成决定了其不可能作为权威的第三方制定博弈规则，国家既有侵占投资者利益以向民间转嫁改革成本的激励，同时又有保护投资者利益从而维持投资者信心、防止投资者退出的激励。这看似对立的双重激励导致国家在证券市场发展初期，在投资者保护制度及其相关制度的供给方面存在两重性。

（1）攫取控制权私人利益的动机

由于以下原因，在证券市场制度构建初期，国家没有设置较高的投资者保护水平的激励：①缓解前期累积的巨大改革成本压力的紧迫性使得β较小。这种紧迫性可以通过国有企业的高负债率与国有银行的巨额不良资产来衡量。此外，证券市场建立初期，直接融资比重极低，对整个社会资源配置的影响不大，为实现R_2而付出的R_1减少的成本极低，政府对于证券市场制度的建设无意于着眼长远规划。[①] ②资本项目没有开放，多元化投资工具的匮乏以及对民间金融活动的打击，使得国家设置较低的投资者保护水平所引致的资源流出的可能性较小。③金融资产匮乏，只要参与证券市场的预期收益大于无风险资产收益[②]，投资者就会参与，参与约束ε较低。

因此，作为证券市场基本制度之一的投资者保护制度的缺位，是将我国证券市场视为国家动员分散的民间金融资源，来弥补巨大的改革成本这一证券市场制度建立的初始逻辑的必然结果。通过投资者保护制度的缺位，国家将投资者的部分权益置于“公共领域”，并利用自身优势对其进行攫取。

（2）追求社会支持最大化与保持投资者参与约束的动机

同时，国家也有保护投资者利益、抑制他人对“公共领域”的投资者权益进行攫取的激励。随着上市公司内部人、投机资本等逐渐认识到掠夺中小投资者所能得到的收益以及实现收益的手段，其对处于“公共领域”中的投资者权益会根据成本—收益的比较而进行掠夺。国家作为追求社会支持最大化者，有动力保护投资者不受到来自国家之外的其他主体的侵害。同时，这也是政府实现自身利益的需要。由于证券，尤其是股票，是一种风险性资产，投资者进行证券投资是为了获取无风险收益基础上的风险溢价。如果投资者受到的利益侵害过于严重，投资者就会退出证券市场。因此，在不损害国家利益的情形下，国家有激励去供给制度来防范投资者利益受到来自诸如上市公司经理层、投机资本等的侵犯。具体表现为：在实现国家利益的前提下制定与实施规则，保护

① 邓小平指出：“证券、股票这东西究竟好不好，有没有风险，是不是资本主义独有的东西，社会主义能不能用，允许看，但要坚决地试，看对了，搞一两年，放开，错了纠正，关了就是了，关也可以快点，也可以慢点，也可以留一点尾巴，怕什么。坚持这种态度就不要紧，就不会犯大错误。”（《邓小平文选》第三卷，373页，北京，人民出版社，1993）

② 在不存在短期国债或短期国债发行量极少的情况下，投资者可以把其他流动性强、基本无风险的投资工具，如银行活期储蓄的利息作为无风险资产收益。

投资者利益免受上市公司经理层与投机资本的侵犯。

在这一时期，由于证券市场上除国家以外的利益主体的力量尚未充分成长和发展，不能对国家的证券市场政策形成有效制约，证券市场上的投资者保护水平在国家实现自身利益、维持金融与社会稳定与保持投资者的参与约束之间保持着一种低水平状态。国家所要做的，是在向民间转嫁改革成本与维持投资者的参与约束、保持金融稳定之间寻求平衡。

（二）外部力量与内部力量共同作用下的投资者保护水平的提升

随着证券市场的发展，经济基础环境以及证券市场内部不同力量的对比开始发生变化，外部力量与内部力量的共同作用使得国家实现目标收益的约束条件逐步发生改变，投资者的参与约束 ε 上升，投资者保护水平得以提升。

1. 推动投资者保护水平提升的外部因素

（1）民营经济的发展

民营经济的发展使得国民经济的构成逐渐发生变化（见表5－1）。在内地证券市场上存在所有制歧视的情况下，优秀的民营企业选择到中国香港、新加坡和美国上市，造成优质上市资源外流，从而使得国家收益中来自扩大投资者的资源投向选择集，提升投资者保护水平所带来的优化资源配置的社会剩余收益部分增加，国家提升投资者保护水平的激励随之增加（见表5－2）。

表5－1　不同经济成分固定资产投资及其比重变化　单位：亿元，%

	2000年	2001年	2002年	2003年	2004年	2005年
全国投资总额	32 918	37 213	43 500	55 567	70 477	88 604
国有经济	16 504	17 607	18 877	21 661	25 028	27 085
外资企业	2 606	2 999	3 451	4 909	6 967	8 326
内资民营企业	13 807	16 608	21 172	28 991	38 482	53 193
占全国比重	100.0	100.0	100.0	100.0	100.0	100.0
国有经济	50.1	47.3	43.4	39.0	35.5	30.6
外资企业	7.9	8.1	7.9	8.2	9.9	9.4
内资民营企业	41.9	44.6	48.7	52.2	54.6	60.0

资料来源：《2007中国经济年鉴》，872页，北京，中国经济年鉴社，2007。

国家税务总局网站上的数据显示，2000 年，国有企业、集体所有制企业、股份公司及股份合作企业、涉外企业、私营企业及个体工商户的税收贡献额占税收收入的比重分别为 41.5%、8.6%、22.2%、16.8%、9.9%；2007 年，上述各种经济成分企业的税收贡献额分别为 9 512 亿元、805 亿元、18 675 亿元、9 906 亿元、10 551 亿元，比重分别为 19.2%、1.6%、37.8%、20%、21.4%。国有企业和集体企业税收贡献额占比下降，其他经济成分企业税收贡献额占比提高。

表 5-2 **民营企业上市公司的数量变化** 单位：家

年份	1993	1994	1995	1996	1997	1998	1999	2000	2001	2002	2003	2004
累计	2	8	8	22	42	69	103	147	171	196	297	336

资料来源：上海证券交易所研究中心：《中国公司治理报告（2005）：民营上市公司治理》，20 页。

（2）国家税收的增长

1994 年分税制改革后，国家税收收入不断增长（见图 5-1），使得政府以"显性税收"（explicit taxation）代替"隐性税收"（implicit taxation）逐渐

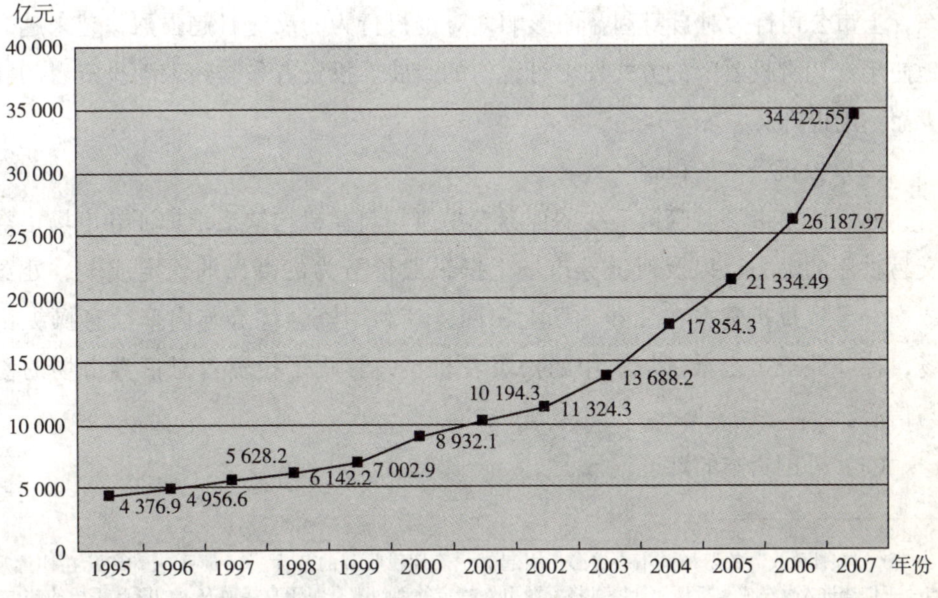

资料来源：国家税务总局网站。

图 5-1 分税制改革后国家历年税收收入

成为可能。①

（3）我国加入 WTO

2001 年 12 月，中国正式加入 WTO，对证券服务业的开放作出承诺，来自外部规则的压力逐步增加。

2. 推动投资者保护水平提升的内部力量

在国有商业银行体制下，地方政府利益、国有银行自身利益的渗透逐渐改变国家在国有垄断银行制度中的成本收益对比，迫使国家对国有银行体制进行改革。证券市场的推进，同时又是上市公司、券商、地方权力、投机资本与普通中小投资者等各参与主体的学习与知识积累过程，以及对制度环境的认知反馈过程。

（1）普通中小投资者队伍的扩大

随着我国证券市场规模的扩张，普通中小投资者的数量呈逐年增加趋势（见图 5 -2）。随着证券市场参与广泛性的提高，投资者保护的相关政治支持增加（Marco Pagano and Paolo Volpin，2005）。证券市场规模的扩张使得投机性交易的收益下降，投资者维护自身权益的意识开始觉醒，越来越关注非流通股股东、上市公司行为对自身利益的影响，对侵权行为的反应日趋强烈，越来越多地使用“用脚投票”的方式发出可置信的威胁。投资者参与约束随投资者的壮大而不断提升。

（2）投机资本的积聚

处于证券市场监管第一线的证券交易所等自律机构缺乏维护证券市场正常交易秩序的动力，以及对证券市场上操纵股价行为的高昂的认定成本、处罚成本，导致投机资本在证券市场上积聚，其利用资金优势与内幕信息操纵市场，掠夺处于“公共领域”中的投资者权益，影响了投资者对证券市场的参与信心。

（3）外国资本的渗透

① “显性税收”的增加并不一定必然引起对“隐性税收”的替代。Acemoglu（2010）在评价观点——创造进入壁垒或垄断要素价格以将资源引入特定的部门，是源于直接而有效的财政手段的缺位，因而增强政府能力、扩充财政工具的可得性将有助于改善资源配置时认为，必须是国家经济能力与限制国家的任意处置权方面的同时改善，政府能力的提高才会导致资源配置效率的改善，否则政府征税的更有效工具的可得性会增加对控制政府的潜在收益，从而激励旨在捕获政府控制权的努力，引发高昂的成本，恶化资源配置，抵消更有效税收所带来的益处。这一观点与本书下面的结论基本一致。

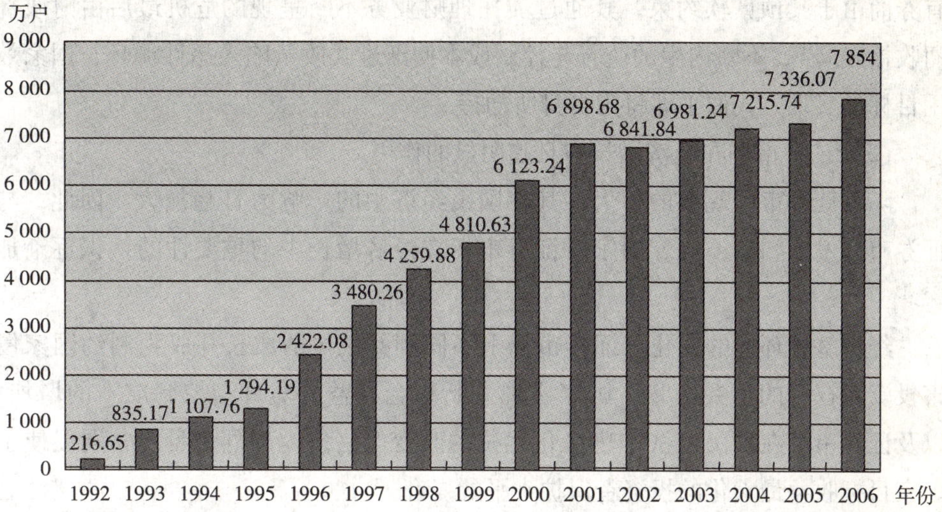

资料来源：中国证券监督管理委员会网站。

图 5－2　1992—2006 年投资者账户数

2002 年 11 月，我国推出了 QFII 制度，允许境外合格机构投资者投资于我国境内证券市场（包括股票、债券与基金）。试点时规定的累计投资总额上限为 40 亿美元，2005 年 7 月额度上调为 100 亿美元，2007 年 12 月额度扩大为 300 亿美元。外国资本日益成为我国证券市场上的一支重要力量。

以上几个利益主体力量的成长，使其有能力对国家出于自身利益而侵害投资者利益的行为形成制约，投资者的参与约束 ε 上升。

（4）国有上市公司与国有券商的机会主义行为

国有上市公司与国有券商的机会主义行为，使得证券市场初始制度安排的内生交易成本日益加大。正如在国有垄断银行体制下，国有商业银行存在道德风险，即出于增加自身利益的冲动而将资金投向高风险项目，形成商业性不良资产，并将其置于政策性不良资产的掩护之下。在政府主导下的证券市场上，国有控股的上市公司在国家通过股权渠道向民间转嫁改革成本的示范下，缺乏完善治理结构的激励，生产性努力降低，其行为取向并非表现为对投资者需求的回应，而仅是对行政措施的回应，从而加剧对中小投资者的掠夺。① 同时，国

① 一个例子是，上市公司的股利分配政策完全是对管理政策的适应性调整，根本丧失了其信号传递功能。

有券商由于其预算软约束，其通过委托理财业务不断呈现的危机最后由财政部门收拾残局①，不断内生的监督与控制成本使渐进式改革陷入恶性循环，国家效用目标的实现方式似乎即将为自身所劫持。

（5）证券市场在经济增长中日趋明显的作用

随着证券市场规模的扩大，其在国民经济中的影响力日趋加大。因此，与证券市场发展初期不同，国家对证券市场在经济增长中的重要性的认识逐渐加深。

经济基础环境的变化、证券市场上不同利益主体的成长并成为制约国家侵害投资者权利的重要力量、国家实现垄断租金利益的监督与控制成本的增加，以及证券市场在国民经济中边缘化地位的改变等诸多内外部力量，共同促使了国家目标收益最大化的投资者保护水平的提升。

3. 投资者保护水平提高的理论解释：一个简单的政治交换博弈

下面，本章尝试用由温加斯特建立、由青木昌彦（2001）发展的一个简单的政治交换博弈来解释由较低水平的投资者权利保护到较高水平的投资者权利保护的转换。在这个博弈中，有两类参与人：政府和两个参与人 A、B（代表公民、选民、利益集团等）。假定政府超出保护私人产权不可侵犯的限制而增进自身利益，为了获取 a 的额外收益，向 A 增税。A 与 B 可选择抵制或默认，每人的抵制成本为 c。如果 B 与 A 联合抵制，政府的侵权行为就会失败。如果 B 不合作，A 单独抵制不奏效，政府得逞。政府的侵权行为造成的效率损失 $2\varDelta$，由 A、B 分担。有三种情形：（1）如果 B 和 A 联合抵制的成本大于侵权导致的效率损失，B 的最优策略是默认，而 A 预期到这一点，最优策略也是默认。{侵权，默认，默认} 是纳什均衡结果。（2）如果政府侵权导致的效率损失大于 B 与 A 联合抵制的成本，B 会选择与 A 合作。但如果 $\varDelta - c < a$，政府愿意向 B 支付（贿赂）s，其中 $\varDelta - c < s < a$。这样，B 不与 A 合作，A 也默认。{侵权与贿赂，默认，默认并接受贿赂} 是纳什均衡结果。（3）如果政府无法分辨 A 与 B，只能以同等概率随机选择一个作为侵权对象。可以证明，对于 $\varDelta - c < 0$ 和 $\varDelta - c > 0$ 时任一正数 θ，当 $\theta > 2(c - \varDelta)/2c + a$ 时，存在 A 与 B 联合抵制的可置信威胁，政府放弃侵权符合自身利益。

① 例如，新华证券被证监会撤销后，人民银行一次性拨付 14.5 亿元、吉林省政府出资 4 亿元填补亏空。

在我国证券市场发展初期，证券市场上的两个参与者A、B分别是民间投资者与上市公司。政府在向民间投资者（A）转嫁改革成本（隐性税收）的同时，通过额度管理等手段控制市场的规模以创造获利机会维持投资者（A）的参与约束，上市公司（B）事不关己甚至可以“搭便车”受益，因此第一种情形成立。随着证券市场的发展，投资者（A）的利益维护意识增强，认识到政府侵权行为所带来的效率损失⊿增加，同时B的构成发生变化，券商、私募基金、外国投资者的利益崛起，非人格化的股份交易实现了利益群体的非人格化，政府的侵权行为（减持国有股，采取市场定价方式）的实施对象已经难以分辨（A、B都会从中受损），从而引起联合抵制，迫使政府妥协，对各主体的利益予以承认，并尊重其利益表达（股权分置的制度设计），由第一种情形转换到第三种情形，而第二种情形不会出现。因为政府向B支付贿赂的方式将会是以纵容B参与协同侵犯投资者（A）的利益，这将使投资者受到双重掠夺，因此政府的目标决定了其不但没有激励这样做，还会通过出台保护投资者的措施使其免受来自B的侵犯。

（三）投资者保护水平提升过程中的波动性

通过以上分析可以看出，投资者保护水平的提升是经由以下途径得以实现的：一是由于证券市场上利益主体的崛起，其经济利益的增加增强了其解决集体行动的能力（Acemoglu，2006），从而提高了国家为实现其在证券市场上的利益所必须满足的投资者参与约束；二是证券市场内外部力量的变化，使得国家调整了其总收益中来自垄断租金利益与保护投资者权利、优化资源配置实现的社会剩余利益之间的权衡。这一方面说明，投资者保护水平的变化一旦启动，就会具有不断向其启动方向前进的内在动力。这种动力来自两个方面：一是变化后的投资者权利水平所形成的新利益主体的谈判能力，二是变化后的投资者保护水平所引致的国家在证券市场上两种目标收益构成之间的比重的调整。但另一方面也说明，投资者保护水平的提升是由利益关系的调整引起的，而并非通过对国家干预证券市场的制度性约束实现的，因而并没有改变我国证券市场的政府主导性特征。投资者保护水平在提升的同时，仍受制于国家在一定时期对垄断租金利益需求的紧迫程度。

因此，投资者保护水平的总体提升并不意味着对投资者权利的界定与实施得到了制度上的保障，以及政府干预证券市场的行为受到了规则的约束。国家有能力、有激励随其主导证券市场的垄断租金收益在不同时期的表现、紧迫程度来调控其垄断租金利益与社会剩余利益的权重β与$1-\beta$，从而实现对投资者保护水平的调控。国家在不同时期的垄断租金利益的构成不同、紧迫程度不同，决定了在不同时期国家目标收益构成中垄断租金利益与社会剩余利益结构的变化，进而决定了投资者保护水平的波动。

第二节　对国家目标利益与产权保护的重新认识

对我国证券市场上投资者保护水平变化的理论分析，有助于深化理解关于国家的目标利益与国家对产权的保护问题。

一、国家目标利益的构成

几乎所有的国家理论都直接地或隐含地作出两个假设：一是国家可以被视为一个单一（single）的主体，二是国家拥有对暴力的垄断权（North，Wallis，Webb and Weingast，2007）。对国家目标的假设主要有两种：社会福利最大化的仁慈型政府假设，以及掠夺型政府的假设。[①] 对于政府效用的出发点，仁慈型政府筹集收入用于执行正式管理和相关职能，同时要最大化公民的收入；掠夺型政府要从经济体中最大化它自已的所得，同时提供给公民最低水平的效用以维持他们的生存或阻止发生暴乱（阿维纳什·迪克西特，2007）。这种近乎绝对的假设很难与现实中的国家相吻合。诺斯对国家的目标利益进行了分解，在其名著《经济史中的结构与变迁》中，他指出，统治者或国家提供博弈规则（即制度）都有双重目的："一是界定形成产权结构的竞争与合作的基本规则，这能使统治者的租金最大化。二是在第一个目的框架中降低交易费用以使社会产出最大，从而使国家税收增加。"[②] 其隐含之意是：在统治者的效用目标中，租金最大化这一变量的偏好顺序先于产出最大。也就是说，"在使统治者（和他的集团）租金最大化的所有权结构与降低交易费用和促进经济增长的有效率体制之间，存在着持久的冲突"时，统治者会偏好于租金最大化。也正如戴维·菲尼

① 奥尔森对流动匪帮与固定匪帮的划分也仅仅是视匪帮的时间视野的区别。

② ［美］道格拉斯·C. 诺斯著，陈郁、罗华平等译：《经济史中的结构与变迁》，24页，上海，上海三联书店、上海人民出版社，1994。

所认为的，“统治者总想使他由财产权制度得到的租金愈多愈好。在这个目标的限度内，统治者又总想减少交易成本，以使社会产出极大化，从而扩大征税收入的基础”①。黄少安（1999）认为，这两重目的是统一的或基本上是统一的，因为都在国家的成本—收益核算范围内，两者都是它所追求的，只不过一个是直接利益，另一个是间接利益（也可以看做一个是短期目标，一个是长期目标）。国家总是在两者之间寻求一种均衡，也就是实施或容忍一种产权结构能多增加的垄断租金，等于放弃这种产权结构而实施另一种更有效率的产权结构，从而提高效率，使国家税收增加的数额或增加额贴现值。

二、有利于经济效率的国家保护产权模式及其评价

产权保护是促进资源优化配置、提升经济效率的重要条件。国家是产权保护的重要实施者，什么样的国家保护产权模式是经济效率导向的呢？已有文献的表述大致有以下几种：

有限政府论。诺斯（2003）从自己的国家理论出发，认为竞争性约束和交易成本约束构成了无效规则存在的根源，因而需要建立使国家受到一套能够保护组织和交换关系的政治规则及其实施制度的可信约束，即有限政府（limited government）。诺斯似乎过于强调了对政府权力的警惕，因而不无偏颇。温格斯特对有限政府的表述则相对客观：“一个政府不仅要有能力保护政治权利、个人权利以及经济权利不受侵犯，而且要把这些权利当做其行动的界限。”②

强化市场型政府论。奥尔森（2005）认为，政府必须有足够的权力保护产权，强制执行合约，而且受到约束不去剥夺这些个人权利。③

一致同意的强政府论。“其产生于这样一种情形：政府在政治上很弱，统治者容易被取代，但由于存在政府与社会之间的一致同意，政府被允许征收高税收，只要其收益的相当部分投资于公共产品。”（Acemoglu，2005）

以上表述虽各有不同，但实质上存在着统一性。首先，它们都将政府视为一

① ［加］戴维·菲尼：《制度安排的需求与供给》，载奥斯特罗姆、D. 菲尼、H. 皮希特编：《制度分析与发展的反思——问题与抉择》，132页，北京，商务印书馆，1992。

② ［美］巴里·R. 温格斯特：《有限政府的政治基础：17—18世纪英格兰的议会和君主债务》，载［美］约翰·N. 德勒巴克、约翰·V. C. 奈编，张宇燕译：《新制度经济学前沿》，253页，北京，经济科学出版社，2003。

③ 参见张宇燕为《权力与繁荣》一书所作序：《强化市场型政府乃经济发展之根本》。

个具有自身利益的主体，且政府的利益并不与追求社会剩余完全相符。其次，它们都注意到了这样貌似冲突的两点：经济效率的实现既需要一个强大的政府实施产权保护，又需要对政府权力进行有效的可置信约束以防范其对产权的侵害。

以上观点各有侧重。有限政府论与强化市场型政府论都强调政府“权力”的界限，其对“权利”的远离是经济效率的保证，但却忽视了保护产权、执行契约作为政府提供的一项公共产品，需要以政府从经济中汲取资源的能力为前提，税收不能被仅仅视为国家对经济主体的掠夺，其还是国家提供公共产品的来源与保障。一致同意的强政府论似乎又忽视了这样一点：一个政治上较弱的政府是否有一视同仁地供给产权保护的动力。正如诺斯（1994）所认为的，当存在利益集团对统治者构成替代威胁时，统治者会同意一个有利于这些集团的产权结构而无视它对效率的影响。Acemoglu 在研究中也承认，他的理论作为一种抽象提炼，最大的遗漏就是没有涉及限制政府权力的力量来源。他也看到，在现实中，很多政治上的弱政府所面临的威胁不是来自普通民众，而是来自特权集团。

三、政府主导下的产权保护

（一）政府主导下产权保护水平的变化特征

产权具有不同的实施者。对于任何实施者，产权的保护力度都取决于成本收益比较，国家也不例外。“产权内容的改变，取决于统治集团对改变现有的产权安排所带来的收益的事前估计与监察和执行权利结构的改变所带来的成本的事前甚或事后估计之间的相互关系。”① 通过对我国证券市场上投资者保护水平的变化分析可以看出，强政府主导下的产权保护水平的变化相对于自下而上的诱致性制度变迁具有以下特征：

1. 产权变化的启动方式

政府主导下的产权变化是自上而下的，产权保护水平的变化不是肇始于民间利益主体对新权利边界收益的捕捉而首先形成事实上的权利，进而产生制度需求、随后上升到正式规则的过程，而是政府自身作为制度的需求者与供给者，自上而下地供给新的产权保护规则的过程。政府在经济中的主导地位，决定了

① ［美］E. G. 菲吕博腾与 S. 配杰威齐：《产权与经济理论：近期文献的一个综述》，原载《经济文献杂志》，1972（10）。引自：［美］R. 科斯、A. 阿尔奇安、D. 诺斯等：《财产权利与制度变迁——产权学派与新制度学派译文集》，207 页，上海，上海三联书店、上海人民出版社，1994。

其具有共容利益。政府主导下的经济制度变迁，是政府凭借其强大的控制能力，利用行政手段克服市场化进程的障碍，启动提升产权保护水平的制度变革，从而激励产权主体不断将外部性内部化，实现资源配置效率的改善。因此，当政府在经济中具有主导地位时，如果原有制度安排使得政府依靠控制资源攫取垄断租金利益的成本上升，那么政府会释出权利，从而启动提升资源配置效率的制度变迁，符合政府自身的成本收益比较，权利的释出就成为可置信的承诺。

2. 产权变化启动后的进一步调整方式

自下而上所形成的产权，其边界的进一步变化与调整取决于围绕产权边界的平等利益主体之间的谈判。自上而下形成的产权保护过程，其进一步的边界调整并不通过谈判达成，其调整方向具有两个特征：一个特征是产权保护水平会由于两方面因素而具备自我巩固的动力，一是产权保护水平变化所形成的利益主体维护自身利益的动力，二是产权保护水平变化引致的资源配置效应，使政府调整目标收益构成之间的比重。另一个特征是，其进一步调整要受制于政府与经济主体权力的不对等性。作为暴力的唯一合法垄断者，政府与其他利益主体权力不对等，因而作为制度变迁的“第一行动集团”，当其面对自身利益与社会福利的冲突时，有侵害产权主体利益的动机与能力。政府主导下产权保护水平的提升与减弱，取决于不同时期政府维持现有产权保护水平的成本与调整产权保护水平的收益比较，这既是在共容利益下推动产权保护水平提升的动力，同样也是发生利益冲突时潜在的阻碍产权保护水平提升的力量。

（二）政府主导下产权保护中政府与市场的角色

产权保护的实际水平是多种实施方式的结合，强势政府利用行政手段推进的制度变迁是否会导致行政手段的自我内生，从而抑制市场自发生成节约交易成本的制度？政府与市场在产权保护中的角色边界是如何确定的？

首先，从静态来看，由于产权保护水平的确定在一个时点上是不同实施方式的综合，政府与市场互为进退，因此市场在产权保护中的角色发挥有赖于政府行政权力覆盖范围的收缩，从而实现自上而下的规则构建与自下而上的规则演变的有机统一；其次，从动态上来看，政府出于共容利益所进行的自上而下的规则构建不会凭空创造，必然是以自下而上的规则演变为基础的，前者是后者的直接表达，后者为前者引导了趋势，因而产权边界的确定可以说在任何情况下都是二者的统一。政府主导下产权的扩大，其实质是利用利益主体的逐利动机将外部性内部化，以实现资源优化配置。利益主体的趋利性动机在一定范围内使得市场作用渗透于产权的界定，从而实际权利边界的确定并非完全被动地受制于政府行政手段。Robert Cull 等人（2008）研究表明，在国有垄断银行实行信贷歧视的情况下，业绩差的国有企业会通过贸易信贷的形式将信贷再分配给没有信贷特权的民营企业。卢峰与姚洋（2004）也曾推断，上市公司将募股资金挪作他用，其资金的实际流向可能是回报率更高的私人部门。

强政府特征下产权保护水平的变化特征，可以引发我们对国家的目标收益及产权保护问题的再思考。

四、对国家的目标收益与产权保护的重新思考

（一）政府目标收益的复杂性

现实中的国家，其目标是多元化的，包括政治支持的最大化与经济收益的最大化。其追求政治支持最大化就意味着国家按照社会福利最大化原则行事也是符合政府自身利益的。在转轨过程中，国家的目标收益的性质尤为复杂：在通过税收手段动员资源的能力不足时，国家通过压低甚至侵害投资者权利，将资源引导至符合国家利益的部门所实现的收益，一方面是国家获取的垄断租金利益，是一种财富再分配；另一方面，客观上来说这又并非完全属于统治者的个人利益，其又有解决金融体系危机、防止社会失序、维护政局安全的效果。在稳定压倒一切的环境下，也是会增进社会福利的。正如周业安（2000）所认为的，给定特定的环境条件，政府为符合自身利益最大化而建立的外部规则与社会福利增进可能兼容。

（二）国家目标利益构成之间的关系及实现方式

国家通过生产性努力与分配性努力的结合来实现自身的目标收益，收益的两种构成之间，呈现出如下特征：

首先，国家目标收益的两种构成之间并非是完全地此消彼长，实现二者的方式在一定程度上存在着统一性，即垄断租金利益与社会剩余利益所带来的税收在数量上都有赖于经济基数。实现经济基数的扩大既有利于国家自身的利益，也有利于社会福祉。这两种收益是否统一取决于政府的类型。现实中的政府可以有不同类型，例如福山（2008）所说的，有发展型政府与掠夺型政府之分。姚洋（2008）曾提出“中性政府”的概念，其含义与发展型政府相仿，即政府

虽然具有自己的利益，但并不代表任何特殊利益团体，并不需要与任何特殊利益团体结盟并与之分配垄断租金利益，因此政府目标收益的构成之间存在统一性，追求经济增长所带来的经济基数的扩大既有利于政府垄断租金利益，也有利于社会福利。

其次，在国家目标收益的两种构成中，没有理由假设国家偏好垄断租金利益。这是因为：（1）这是由政府目标的多元化决定的。政府具有追求统治合法化、政治支持最大化的动机。亨廷顿（1999）认为，统治合法性（legitimacy）的来源有传统、宗教、君权神授和社会依附，在民智日开、社会流动和文化水平提高的年代，这些传统理论基础失去其效力，因而政绩被当做合法性的来源，因此统治者会进行经济和社会改革，实现经济增长和发展。（2）作为一个理性的经济人，国家在垄断租金利益与社会剩余利益所带来的税收收益之间的权衡取决于二者的获取成本比较，因而两种收益构成之间存在着可替代性。当国家通过税收手段汲取社会资源的成本较高时，其会产生通过控制资源而攫取垄断租金利益的需求。因为与税收方式相比，通过控制投资者的资源流向符合政府利益的部门，直接实现财富的再分配，可以减少监督、检测和课征赋税等交易费用，因而是一种更为经济的获取收益的方式，其实质是一种隐性税收。诺斯认为，无效率产权的形成原因之一是交易费用约束，即“有效率的产权也许会导致国家的高收入，但与那些无效率的产权相比，由于交易费用（监督、检测和课征赋税）会减少统治者的税收”①，因而统治者倾向于选择无效率的产权。那么，当通过无效率产权获取垄断租金利益的成本日益上升，超过征收赋税的交易成本时，统治者是否会选择通过供给有效率的产权而获取另一种收益——税收收入呢？这取决于国家是否有足够的能力汲取产权保护水平提升后扩大的社会剩余。从无效率产权到有效率产权的转变，需要从国家的权力中释出权利，而“权力”与“权利”的不对等性决定了这并非是一个平等主体之间的交换。政治科斯定理之所以不成立，就是由于“权力”与“权利”的交换因为缺乏执行者而导致了交易不可置信问题。只有国家在释放权利后，其权威性并未因之流失，国家仍具备强有力的汲取社会资源的能力，才能保证权力对权利的释放是利益共容的，因此是可置信的、可自我实施的。国家供给产权保护的公共产

① ［美］道格拉斯·C. 诺斯：《经济史中的结构与变迁》，28 页，上海，上海三联书店、上海人民出版社，1994。

品也有赖于国家的税收能力，税收不仅仅是国家出于狭隘的自身利益而进行的掠夺。

问题的费解之处在于：强势政府汲取资源的能力是从权力手中释放权利可置信性的保障，扩大后的产权保护也能抵御国家攫取垄断租金利益进行财富再分配的能力，从而使产权保护水平一旦被启动，就会具备向其启动方向继续前进的内在动力，但一个权力缺乏正式规则约束的强势政府在获取垄断租金利益的重要性增加时，仍有动力、有能力侵犯产权获取垄断租金利益，进行目标收益构成的另一方向的替代。因此，强势政府对产权的保护水平是相机的，存在着不稳定性，这是一个两难冲突。

（三）产权保护两难冲突的解决路径

诺斯的路径依赖思想所表达的，是服务于统治者目标最大化的制度在实行中，内生交易成本的不断增加，促成了以统治者为“第一行动集团”的诱致性制度变迁，新的制度运行中又逐渐积累起新的交易成本，从而使得无效率的制度循环往复，形成一个内生的封闭循环。但是，诺斯的制度层次过于单一，没有注意到不同制度层次之间的互动。Acemoglu、Johnson 和 Robinson（2004）将制度层次分为经济制度与政治制度，其关于两者关系的论述似乎给出了一条打破这一循环的路径（见图 5－3）。

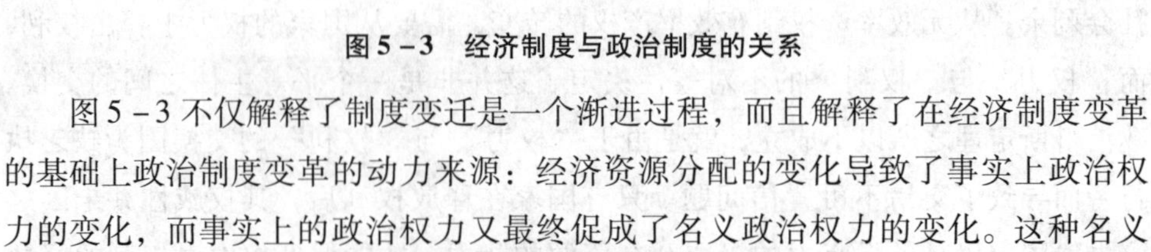

图 5－3　经济制度与政治制度的关系

图 5－3 不仅解释了制度变迁是一个渐进过程，而且解释了在经济制度变革的基础上政治制度变革的动力来源：经济资源分配的变化导致了事实上政治权力的变化，而事实上的政治权力又最终促成了名义政治权力的变化。这种名义上政治权力的变化对经济效率的影响取决于新的限制政府权力的力量来源是拥有特权的利益集团还是匿名化的民众，即名义上政治权力的变化是否有助于形成泛利性政府。姚洋（2005）也认为，中国制度变迁保持有效性的政治基础归结为执政党对代表性的有意识的自我修正所形成的泛利性。那么这种泛利性的

动力源自何处？对证券市场上投资者保护水平变化的解释可以使我们得窥经济制度变迁引起政治制度变迁，从而可能保证制度变迁持续效率的传递环节：政府的共容利益启动了证券市场的建立（经济制度的变化），其开放性以及股份的公开交易、流通，有助于实现利益主体的非人格化，从而打破了原有经济制度下固化（consolidation）的利益主体结构（资源分配的变化），而力量壮大起来的匿名化的利益主体一方面通过自身经济实力所决定的谈判实力的上升来实现对自身权利的保护（事实上的政治权力）；另一方面，其参与约束的提高（事实上政治权力的上升）又引发了通过正式法律约束政府权力实现产权保护的需求①（名义上政治权力）。因此，投资者不仅受益于自身谈判能力上升所带来的权利保护水平的提升，更可以使权利受到正式规则的保障。政府主导下产权保护水平的可持续性取决于是否可以完成这一经济制度与政治制度的互动过程。

本章小结

1. 我国证券市场上投资者保护水平的变化特征是政府根据目标利益构成的轻重缓急和实现利益的成本比较来相机调控投资者保护水平。当证券市场上利益集团的力量不足以与国家相抗衡时，政府根据投资者的参与约束与自己的效用目标确定投资者保护水平，投资者保护水平处于政府控制下的较低水平；当来自证券市场上的利益主体的抵制力量上升、获取优化资源配置的收益增加时，政府调整自己的收益与实现收益的方式，投资者保护水平得到提升。因此，产权保护水平一旦得以确认与提高，就具备了自我巩固的内在动力。同时，投资者保护水平的波动源于缺乏对政府获取垄断租金利益行为的制度化约束。

2. 政府目标是多元化的，其目标利益由垄断租金利益与社会剩余利益带来的税收收益构成，二者之间具有一定程度的统一性、可替代性。当政府攫取垄断租金利益的成本提高时，强势政府可以使从权力手中释放权利成为自我实施的可置信承诺。因此，政府主导下的产权保护水平的变化具有双重性：一方面，政府的共容利益决定了政府主导下的经济制度变迁可以提升产权保护水平，从

① 一个例子是，我国曾数次上调证券交易印花税税率，但2007年5月30日凌晨财政部宣布上调印花税税率的行为受到质疑：国务院颁布的《印花税暂行条例》其立法权限与《立法法》相违背。见http：//www. ce. cn/xwzx/gnsz/szyw/200803/03/t20080303_ 14703680. shtml。

而激励产权主体不断将外部性内部化，实现资源配置效率的改善；另一方面，在其权力受到约束之前，又存在着侵害产权主体利益的动机与能力。强政府的存在既是从权力手中释放权利的保障，同时也是产权保护水平稳定提升的障碍，这是产权保护的两难冲突。

3. 解决产权保护两难冲突的路径在于使不同制度层次之间形成有效互动。经济制度的变化所形成的资源分配的变化以及由资源分配的变化形成的事实上的政治权力的变化，最终是否能够过渡到名义上的政治权力的变化。

第六章　结论与建议

第一节　研究结论

本书以政府主导下我国证券市场上投资者保护水平的变化为切入点，对国家目标利益与产权保护的关系问题进行了尝试性的探索。主要观点与结论如下：

股票、债券等证券类资产所附着的权利可以被视为投资者权利。在不同的状态下，投资者权利呈现出不同的特征：对于阿罗—德布鲁式证券，由于交易成本为零，价格的变化可以在瞬间实现，投资者权利得到完全的界定与实施，不需要外在的制度如法律、习俗实施投资者保护。在正交易成本的情况下，投资者保护状况取决于制度的功能，如果制度功能是导向资源优化配置的，则投资者权利的界定与实施将是一个持续的降低现实世界中存在的有碍于资源优化配置的交易成本过程。对投资者权利的初始界定会导致一系列次级制度安排，以降低交易成本，抵消非理性行为对资源配置的影响，从而向新古典世界的资源配置效率趋近。投资者权利的界定与实施可以是自我实施的，也可以是国家之外第三方实施或国家实施，因此其边界取决于多个实施主体。国家在投资者保护水平中的作用具有两重性：国家在投资者权利保护中的规模经济使之成为投资者权利实现的重要保障；而国家作为暴力的垄断者，其在权力上与投资者的不对等性又使国家存在侵害投资者权利的动力。国家对投资者权利的保护水平受制于国家效用目标与社会福利函数是否一致、权力界定权利的交易特征与监督成本以及界定与保护投资者权利的直接成本。

在转轨过程中政府面临着两难困境：国有企业的冗员释放导致失业的社会成本，要求政府有足够的财政规模来承担经济转轨成本，而如果通过征税来筹集资金，则会抑制非国有经济的增长。与此同时，民间积累的金融储蓄大量增加。国家利用其对经济社会的强有力的控制，通过金融手段的运用向民间转嫁了这一成本。证券市场作为政府主导下的一场诱致性制度变迁，肇始于国有垄断金融中介动员民间资源注入国有经济的延续，是直接融资对间接融资的一种替代。投资者权利的界定与实施受制于国家效用目标。当政府存在自身利益时，缺乏对其权力的有效约束会形成偏离资源配置技术效率边界的制度。同时，从制度的纵向变迁来看，当国家获取原有制度安排下的垄断租金收益的成本上升时，国家有动力推动自上而下的制度变迁，扩大对投资者产权的保护，因而有利于资源配置效率的提升。所以，由于政府共容利益的存在，在政府主导下以行政方式推动的制度变迁，是可以与提升产权保护水平的方向一致进而与资源配置效率的方向一致的。

同时，政府根据自身利益的轻重缓急和实现利益的成本比较来相机调控投资者保护水平。在政府主导下，我国证券市场上的投资者保护水平经历了一个由较低水平向较高水平的发展过程。同时，在此过程中，投资者保护水平又存在着反复与波动。在证券市场发展初期，市场利益主体的力量不足以与国家相抗衡时，政府根据投资者的参与约束与自己的效用函数确定投资者保护水平，投资者保护处于政府控制下的低水平；随着证券市场的发展，其在经济增长中的作用日趋显现，加之市场利益主体的力量不断壮大，从而能够发出退出威胁，对政府侵害自身权利进行抵制，因而政府调整自己的收益目标与实现收益的方式，投资者保护水平得以提升。投资者保护水平的提升源于强政府以经济增长为施政中心所形成的共容利益，以及证券市场上利益主体的参与约束的提高。这一过程一旦启动，就具备了自我巩固的内在动力。在对国家干预证券市场的权力缺乏制约之前，投资者保护水平又存在着反复，这源自在对政府权力缺乏约束的情况下，政府面临的获取垄断租金利益的紧迫性。因此，与既有研究的结论不同，笔者认为，我国的投资者保护水平不是一个稳步提升的过程，而是受制于国家目标收益的变化而起伏。这一特征与证券市场的资源配置效率直接相关。当国家提升投资者权利保护水平时，证券市场的价格效率上升；而当国家侵害投资者权利，投资者保护水平下降时，证券市场的价格效率降低。

通过对政府主导下投资者保护水平变化的分析，本书总结、提炼了国家目标利益及产权保护之间的关系，认为国家目标收益的两种构成之间在一定情况下存在着统一性与替代性，强政府特征使产权保护水平的提升可以自我实施的，但这一特征同时也是投资者保护水平持续提升的潜在障碍。能否克服这一两难冲突，取决于经济制度变革所实现的利益分配的变化能否引致事实上的政治权力的变化，最终向名义上的政治权力调整的转化。

第二节 启示与建议

我国资本市场发展的战略目标是成为公正、透明、高效的市场，为中国经济资源的有效配置作出重要贡献；成为更加开放和具有国际竞争力的市场，在国际金融体系中发挥应有作用。[①] 要实现这一战略目标，完善投资者保护制度是十分必要的。投资者保护制度的功能是引导投资者按照自身的风险—收益偏好配置资源，使其收益与成本内部化，这是证券市场发挥资源优化配置功能的基础。如何使向这一目标的趋近成为一个利益共容过程呢？哈罗德·德姆塞茨在其《经济发展中的主次因素》一文中，对自己 1967 年所著《关于产权的理论》一文中的观点进行了再次强调：产权的产生和明晰化是对创造和改变产权的预期收益所作的反应。因此，投资者权利的明晰化所产生的预期收益是产生新产权的前提条件。国家作为投资者保护的实施者，其效用目标必须与证券市场的资源优化配置功能相一致，从而使国家能够作为公正的第三者供给保护投资者权利的基本制度，利益主体在投资者权利得到初始界定的基础上展开交易过程。对于在这一过程中持续不断地出现的不确定性，行动主体出于维护自身利益的目的，再次进行利益边界界定，达成一系列契约，从而维持制度安排自身的动态优化和活力，使之具有层次性与可操作性，形成基础制度与次级制度等一系列维护投资者权利的制度结构。要实现这一过程，需要使国家约束自己的权力成为一种可置信的承诺，而“一个承诺要具有可信性，它必须：（1）事前十分清晰并可预测，（2）事后不可逆转”[②]。“领导人使用强制手段的能力受制约愈少，上层决策者的效益和成本同社会效益和成本之间出现歧义的可能性就愈大”[③]。要使约束政府权力成为一种可置信的承诺，需要一系列的条件。诺斯（2008）认为，决定统治者与选民之间的谈判力量的因素有三个：一是国家提供财产保护时选民可以获得的潜在利益的大小；二是替代当前统治者的难易程

---

① 中国证券监督管理委员会：《中国资本市场发展报告》，127 页，北京，中国金融出版社，2008。

② ［美］阿维纳什·K. 迪克西特（Avinash K. Dixit），刘元春译：《经济政策的制定：交易成本政治学的视角》，北京，中国人民大学出版社，2004。

③ ［加］戴维·菲尼：《制度安排的需求与供给》，引自 V. 奥斯特罗姆、D. 菲尼、H. 皮希特编：《制度分析与发展的反思——问题与抉择》，152 页，北京，商务印书馆，1992。

度——现有统治者的竞争者接管政权和提供同样（或更多）服务的能力，即选民的退出选择权；三是决定不同种类的税收带给国家的收益和成本的经济结构。我国证券市场正在逐步具备这三个条件：随着我国居民储蓄的不断增长，其对“财产性收入”对自身财富的影响愈来愈关注；由于银行体制等其他领域的改革推进，投资者对证券市场之外的投资工具的选择余地越来越大，从而在证券市场“用脚投票”的损失也在逐步减小，使得退出威胁越来越可置信；随着民营经济的发展壮大，其在国民经济中的重要性逐步增加，在政府税收收入中的比重也越来越大，而国有经济占比的逐渐缩小，使得国家来自资源优化配置的收入日渐取代国家的垄断性租金收入。以上几个方面所发生的变化，将使得国家供给投资者保护制度越来越可以采取自我实施的方式。

这一过程的实现需要投资者自身谈判能力的不断提升。正如 Barry R. Weingast（1995）所分析的，中国政府在分权式改革（decentralization）过程中，尽管没有做到完全“自缚其手”（binding own hands），但随着地方政府所支配资源的数量的增加，其来自支配资源的收益随之上升，因而有更大的激励反对中央政府上收权力。地方政府谈判实力的上升，最终迫使中央政府保持分权。同样地，随着证券市场深度与广度的拓展，参与证券市场的投资者的队伍不断壮大与成熟，其在证券市场上所能实现的潜在收益增加，从而维护自身利益的意识不断提高，在与政府（包括及其他利益集团）的博弈中，谈判实力不断提升，最终迫使政府攫取租金的成本过高，而保护投资者权利所实现的资源优化配置的收益不断增加，使政府保护投资者权利成为一种可置信的承诺。这与周其仁的观点相一致：“只有当社会与国家在对话、协商和交易中形成一种均势，才可能使国家租金最大化与保护有效产权创新之间达成一致。……新兴产权超越个体水平的集体行动，它们同时提高国家守护旧产权形式的成本和保护新产权创新的收益，直至重新建立国家获取租金的新的约束结构，使国家租金最大化与保护新产权之间达成一致。”① 最终，投资者保护水平是否能够持续提升将有赖于正式制度对政府权力的约束，最终使国家对投资者权利的保护具有可置信性、可预期性。

在国家实施的投资者权利保护的基础上，还可以通过投资者保护的不同实

① 周其仁：《产权与制度变迁——中国改革的经验研究》，5 页，北京，北京大学出版社，2004。

施方式之间的配合协调来实现投资者保护水平的持续提升。这在金融危机爆发后的时代背景下显得尤为重要。首先，金融危机使信息不对称程度增加。内部人侵害中小投资者的利益之所以成为可能，是因为在正交易费用的情况下，内部人与中小投资者之间存在着信息不对称：内部人掌握信息，中小投资者处于信息劣势，其获取真实信息的成本较高，而且由于在集体行动问题上处于不利地位，内部人攫取控制权私人利益成为可能。内部人侵害中小投资者的能力，取决于信息不对称的程度：信息不对称程度越高，内部人侵害中小投资者的成本越低，因而具有更大的动力实施侵害。金融危机的爆发使得信息传递过程中的噪音增加，信息传递的质量、效率下降，从而加剧了信息不对称的程度，内部人侵害中小投资者的动力随之增加，资源配置效率将随之降低，因而有必要增强对中小投资者的保护。Johnson、Boone、Breach 和 Friedman（2000）更是指出，金融危机爆发后，如果对投资者的保护程度低，恶化的经济前景会导致内部人加剧其掠夺行为，从而导致资产价格的大幅下挫，减缓经济走出危机的步伐。其次，金融危机加剧了不确定性，改变了投资者的风险厌恶程度。金融危机爆发后，未来经济环境的不确定性加剧，从而一方面降低了长期收益的贴现，内部人攫取、掠夺等机会主义的短视行为增加；另一方面，投资者的风险厌恶程度加大，倾向于收缩投资，从而削弱证券市场的筹资功能，证券市场规模萎缩，那些对外部融资需求迫切的企业难以获得融资机会，不利于促进储蓄向投资的转化，从而抑制了经济活动的开展，减少了社会产出。而提升投资者保护水平，有利于通过更加清晰、明确地界定投资者权利边界，减少、降低不确定性，从而激励投资者追求产权的收益，增加投资者的生产性努力。最后，从历史事实来看，金融危机的爆发，往往也是改善投资者保护、推动投资者保护模式转换的契机。例如，1929 年的股市大崩盘，促成了美国《格拉斯—斯蒂格尔法》的出台，建立起了金融防火墙，以及 1933 年《证券法》规定了证券发行和证券交易的强制性信息披露要求，1934 年成立的证券交易委员会（SEC）强化了对证券发行与交易的监管，从而使金融危机成为提升投资者保护水平的一个重要转折点。

一、减少政府的“救市”行为

巴泽尔（1997）认为，在权利界定中，如果一方承担更大部分的变化性时，该方就成为更大的剩余索取者。那么反之，当一方成为更大的剩余索取者时，他应该承担更大部分的变化性。因此，政府“救市”行为在一定程度上可以认为是政府控制投资者资源配置方向的自然产物。对投资者的保护并不意味着对投资者的收益作出承诺。证券资产的所有者享有承担其资产价值变化的权利。所有者“占有由其决定产生的收益，承担由此而来的成本。所有权的排他性把选择如何使用财产和承担这一选择后果之间紧密地联系在一起。所有权因此使所有者有很强的动力去寻求带来最高价值的资源的使用方法”①。因此，政府所谓的“救市”行为不能被视为保护投资者的举动，这样一来只会增加投资者的道德风险，从而妨碍投资者维护自身权益的动力。

二、加快证券市场的开放

对国家而言，建立健全投资者保护制度，除了直接的权利界定与实施成本以外，还包括国家为了使投资者保护制度成为一种可信承诺，所必须放弃的对资源的直接支配所带来的间接损失。因此，要使投资者保护制度的建立成为激励相容的，就必须使国家通过保护投资者权利所得到的长期收入能够弥补其放弃对资源的控制权所形成的长期损失。开放证券市场，有助于吸引外部资源的注入，扩大资源的基数，提高国家的收入。同时，由于金融全球化可以使本土企业获得国外资本来源，这进一步限制了国家对资源进行歧视式支配的能力（Rene M. Stulz，2005）；而且，跨国并购活动的开展会增加对更高的国内投资者保护的政治支持（Marco Pagano and Paolo Volpin，2005）。Castro、Clementi 和 Macdonald（2004）认为，在对资本流动限制较少的国家，投资者保护对经济增长的正效应较大，因而有助于增加国家提升投资者保护水平的动力。因此，证券市场的开放会改善有关投资者保护法律的实施状况。Graciela Laura Kaminsky 和 Sergio L. Schmukler（2002）通过对 28 个国家（包括发达国家与新兴市场国家）的研究发现，尽管有 62% 的国家在部分金融开放之前就存在禁止内幕交易的法律，但在金融部门部分放松管制前只有 11% 的国家实施对内幕交易的制裁。当金融部门实现完全开放前，已经有 44% 的国家实施了对内幕交易的制裁，即金融的部分开放提升了法律与秩序。

---

① ［南］斯韦托扎尔·平乔维奇：《产权经济学——一种关于比较体制的理论》，中文版，30 页，北京，经济科学出版社，2000。

同时，开放有助于提升投资者保护的自我实施水平。Craig Doidge、G. Andrew Karolyi 和 Rene M. Stulz（2004）认为，金融全球化使国内公司更容易得到国外资本，从而有激励实行较好的治理，而且可以“借用”投资者保护水平较高国家的投资者保护水平，提高公司所提供的好的治理的可信性。

三、强化证券监管机构与司法机构的事后处置效力与效率

由于信息不对称、“搭便车”等原因，投资者在证券市场上处于弱势地位，其利益的维护需要外部机构的介入。证券监管机构的事后监管的效力与效率在一定程度上是对事前监管的行政权力的替代，而且与事前监管相比，它能更有效地对上市公司形成长时间的威慑（张汉玉、杜丽虹，2006），如安然公司事件。“不可能在事先就列出所有可能的不当商业行为和欺骗股东或客户的行径，但必须在这些行为发生后能尽快处理并处罚从事经济犯罪的公司和高管”（斯蒂格利茨，2006）。我国证券监管机构对侵犯投资者利益事件的迅速反应及保持处置措施的切实有效是维护投资者信心的有力保证。

此外，还应该调整证券监管部门与司法部门在事后处置方面的平衡。皮斯托与许成钢（2002）提出了“不完备法律理论”（incomplete law theory），认为法律是内在不完备的。[①] 他们提出，应对法律不完备的办法，是将部分立法权与执法权分配给监管者。如果说在我国证券市场发展初期，行政监管对保障证券市场发展作出了很大贡献的话，那么，随时间推移，行政监管的弊端也逐步暴露，其监管成本也逐渐增加，这时候应逐步调整行政力量与司法力量在事后处置方面发挥作用的比重。与行政处置相比，司法部门的事后处置有利于发挥投资者维护自身权利的激励，减少投资者在维护自身权益方面的被动性，降低处置成本。因此，应逐步建立中小投资者针对上市公司大股东或其他侵权者的诉讼机制，强化对中小投资者的司法救济。

四、发挥国家之外的第三方实施的积极作用

如果说行政力量与司法力量之间的平衡是在暴力实施手段内部进行权衡以提升投资者保护的有效性的话，那么国家实施与其他第三方实施之间，也可以

---

① 如果法律能准确无误地规定出所有相关的适用情况，而且如果证据充分即能切实地加以执行，那么法律是完备的（皮斯托、许成钢，2002）。

彼此配合。对投资者保护的不同实施机制——国家实施、其他第三方实施与自我实施之间，存在一个相对均衡，这个均衡点取决于各种实施方式的成本与收益的比较。政府控制下的证券市场，这种均衡的形成机制受到了抑制。因此，对证券交易所的设立采用登记制，而不是审批制，或设立更多的证券交易所，可以加强证券交易所之间争夺上市资源方面的竞争，将有助于证券交易所自律功能的发挥，使其承担起监管一线的工作，减少信息传递的时滞。

另外，应注重发挥证券业协会的作用。一个活跃的行业协会等非政府组织，可以通过发挥其自主性、首创性和灵活性来弥补正式法律规则的不足，通过市场交易主体彼此的监督约束机制来有效地降低交易成本，实现自律与他律的结合。因此，应适当收缩政府监管机构的权力辐射空间，改善目前我国证券业协会的边缘化状态，激发其活力，使其被虚置的功能真正发挥作用。

五、准许成立投资者保护协会，鼓励投资者自发的制度创新

有利于资源优化配置的制度，应该是降低交易成本的。投资者保护协会等民间组织的建立，有利于降低投资者集体行动的成本，增强其集体行动的能力，从而有助于自主性投资者保护水平的提升。对于投资者、尤其是中小投资者出于维护自身利益而进行的各种制度创新，例如上市公司股东大会的小股东信托表决制度等，政府主管部门应予以肯定并及时对其进行规范，使其成为正式的制度安排，从而不断维护市场参与主体对制度创新的积极性，降低市场微观主体的自我保护成本，保持制度建设的自我更新能力。

六、发展多元化的金融工具与健全交易机制

保护投资者权利，最终表现为尊重投资者根据自身风险—收益偏好自由决定资源配置方向、选择投资对象的权利。如果金融工具过于单一，投资者选择集合过小，那么不同风险—收益偏好的投资者在确定是否进入证券市场时，就只能以从事证券投资活动是否会获得超过机会成本，即银行储蓄的收益为标准，从而使具有不同风险—收益偏好的投资者进入同一个风险场所。一个健全的金融市场应该是细分的，可以使投资者按照自己的风险—收益偏好进行选择。因此，应该增加短期国债的发行量，向市场供给无风险资产，同时鼓励金融工具创新，使金融中介在符合自身成本收益比较的基础上，供给多元化的金融产品，

从而填补各种金融工具的风险—收益组合的空白。满足投资者多元化的偏好的过程，也就是投资者权利的界定不断趋于清晰的过程。

此外，健全的证券市场交易机制可以通过建立相应的激励机制，起到提升投资者保护水平的目的。目前，我国证券市场上已经于2010年开展了股指期货交易与融资融券交易，从而建立做空机制（sell short），改变了投资者只能通过证券价格上涨来获取利益的局面，因而可以使投资者监督上市公司、维护自身权益的行为通过市场渠道得到补偿，从而激励投资者对权利的自我保护。应该进一步降低投资者参与做空交易的门槛，从而提高投资者监督公司行为、保护自身权利的动力。

参考文献

［1］［美］阿维纳什·K. 迪克西特著，刘元春译：《经济政策的制定：交易成本政治学的视角》，北京，中国人民大学出版社，2004。

［2］［美］阿维纳什·K. 迪克西特著，郑江淮、李艳东、张杭辉、江静译：《法律缺失与经济学：可供选择的经济治理方式》，北京，中国人民大学出版社，2007。

［3］［美］奥尔森：《通往经济成功的一条暗道》，载《比较》，9～28 页，2004（11）。

［4］［美］奥利弗·威廉姆森：《经济组织的逻辑》，原载《法学、经济学与组织杂志》第 4 卷第 1 期（1988 年春季号）65～93 页，见陈郁编：《企业制度与市场组织——交易费用经济学文选》，上海，上海三联书店、上海人民出版社，2006。

［5］［美］巴里·R. 温格斯特：《有限政府的政治基础：17—18 世纪英格兰的议会和君主债务》。引自：［美］约翰·N. 德勒巴克、［美］约翰·V. C. 奈编，张宇燕译：《新制度经济学前沿》，253～293 页，北京，经济科学出版社，2003。

［6］曹啸：《金融体系的内生演进与制度分析》，北京，中国金融出版社，2006。

［7］陈昌华：《A 股市场还有希望吗?》，载《财经》，2005（136）。

［8］陈冬华、章铁生、李翔：《法律环境、政府管制与隐性契约》，载《经济研究》，60～72 页，2008（3）。

［9］陈国权、李院林：《政府职责的确定：一种责任关系的视角》，载《经济社会体制比较》，69～75 页，2008（3）。

［10］陈梦根：《转轨经济中证券市场的成长与制度变迁》，58～64 页，北京，中国财政经济出版社，2007。

［11］陈琼华：《中国股票市场投资者保护研究》，7 页，北京，中国财政经

济出版社，2007。

［12］陈炜、孔翔、许年行：《我国法律制度能有效保护中小投资者利益吗》，载《深圳证券交易所综合研究所研究报告》，2005。

［13］陈钊：《经济转轨中的企业重构：产权改革与放松管制》，上海，上海三联书店、上海人民出版社，2004。

［14］［加］戴维·菲尼：《制度安排的需求与供给》，引自 V. 奥斯特罗姆、D. 菲尼、H. 皮希特编，《制度分析与发展的反思——问题与抉择》，北京，商务印书馆，122～158 页，1992。

［15］［美］道格拉斯·W. 艾伦：《再论产权、交易成本和科斯》，2007。引自：［美］斯蒂文·G. 米德玛编，罗君丽、李井奎、茹玉骢译：《科斯经济学》，105 页，上海，上海三联书店。

［16］［美］德姆塞茨：《论财产权理论的向度》，原载《美国经济评论》1967 年 5 月号，见：盛洪主编：《现代制度经济学（上卷）》，81～91 页，北京，北京大学出版社，2003。

［17］邓小平：《邓小平文选》，第三卷，北京，人民出版社，1993。

［18］杜恂诚：《金融制度变迁史的中外比较》，196～197 页，上海，上海社会科学院出版社，2004。

［19］樊纲、王小鲁：《中国市场化指数——各地区市场化相对进程 2004 年度报告》，北京，经济科学出版社，2004。

［20］［美］弗朗西斯·福山：《关于发展的政治维度和经济维度间的关系我们知道什么?》，27～33 页，载《比较》，2008（37）。

［21］高潮生：《破解股市迷思》，载《财经》，35～55 页，2002（14）。

［22］高志凯：《以“对价”之名剥夺财产》，载《财经》，29 页，2005（139）。

［23］［美］哈罗德·德姆塞茨：《经济发展中的主次因素》，引自：［美］科斯、诺斯、威廉姆森等著，［法］克劳德·梅纳尔编，刘刚、冯健、杨其静、胡琴等译：《制度、契约与组织——从新制度经济学角度的透视》，82～103 页，北京，经济科学出版社，2003。

［24］［美］亨廷顿：《第三波——20 世纪后期民主化浪潮》，上海，上海三联书店，1998。

[25] 黄少安：《产权经济学导论》，北京，经济科学出版社，2004。

[26] 黄少安：《关于制度变迁的三个假说及其验证》，载《中国社会科学》，34~49页，2000（4）。

[27] 黄少安：《制度变迁主体角色转换假说及其对中国制度变革的解释》，载《经济研究》，66~79页，1999（1）。

[28] 黄少安：《转型期的国家可以成为推动市场化进程的力量》，载《文史哲》，10~11页，2000（5）。

[29] 黄少安、魏建：《国有中小企业产权改革及政府在改革进程中的角色——山东诸城国有中小企业改革》，载《经济研究》，14~22页，2000（10）。

[30] 季卫东：《从博弈行为和机制设计看中国法律秩序的特征》，载《比较》，13~20页，2008（34）。

[31] [美] 简·恩斯明格：《变更产权：非洲正式和非正式土地产权的协调》，2003。引自：[美] 约翰·N. 德勒巴克、约翰·V. C. 奈编，张宇燕等译：《新制度经济学前沿》，北京，经济科学出版社，2003。

[32] [德] 卡塔琳娜·皮斯托、许成钢：《不完备法律（上）——一种概念性分析框架及其在金融市场监管发展中的应用》，载《比较》，111~136页，2002（3）。

[33] [德] 卡塔琳娜·皮斯托、许成钢：《转轨经济中证券市场的治理：来自中国的经验》，载《比较》，103~121页，2005（29）。

[34] [英] 凯文·多德著，丁新娅、桂华、胡宇娟等译：《竞争与金融》，北京，中国人民出版社，2004。

[35] [美] 拉古拉迈·拉詹、路易吉·津加莱斯著，余江译：《从资本家手中拯救资本主义》，北京，中信出版社，2004。

[36] 李曙光：《公司治理的生态危机》，载《财经》，2002（6）。

[37] 李振宁：《国有大企业应做出表率》，载《财经》，28页，2005（139）。

[38] 林智乐：《论中国股市制度的变迁——基于国家效用函数的动态分析》，载《市场论坛》，101~103页，2005（5）。

[39] 卢峰、姚洋：《金融压抑下的法治、金融发展和经济增长》，载《中国社会科学》，2004（1）。

[40] [美] 马克·罗:《法律起源与现代证券市场》，载《比较》，79～120页，2007 (29)。

[41] [英] 乔纳森·沃尔夫著，王天成、张颖译:《诺齐克：财产、正义和最弱意义国家》，哈尔滨，黑龙江人民出版社，1999。

[42] 任剑涛:《政治的疏离与回归——近三十年中国政治观的演变与动力》，载《天涯》，2007 (6)。

[43] 上海证券交易所研究中心:《中国公司治理报告 (2006)》，上海，复旦大学出版社，2006。

[44] 沈艺峰、肖珉、黄娟娟:《中小投资者法律保护与公司权益资本成本》，载《经济研究》，115～124页，2005 (6)。

[45] 沈艺峰、许年行、杨熠:《我国中小投资者法律保护历史实践的实证检验》，载《经济研究》，9～100页，2004 (9)。

[46] 盛洪:《现代制度经济学 (上卷)》，68～80页，北京，北京大学出版社，2003。

[47] 宋琳:《资本成本缺位与我国资本市场功能缺陷》，厦门大学博士论文，2006。

[48] 孙曙光:《证券市场个人投资者权益保护制度研究》，北京，中国金融出版社，2006。

[49] 唐国正、熊德华、巫和懋:《股权分置改革中的投资者保护与投资者理性》，载《金融研究》，137～154页，2005 (9)。

[50] 王红领、李稻葵、雷鼎鸣:《政府为什么会放弃国有企业的产权》，载《经济研究》，61～85页，2001 (8)。

[51] 王晋斌:《金融控制政策下的金融发展与经济增长》，载《经济研究》，95～104页，2007 (10)。

[52] 王鹏:《投资者保护、代理成本与公司绩效》，载《经济研究》，68～82页，2008 (2)。

[53] 辛向阳:《政府理论第一篇——解读洛克〈政府论 (下篇)〉》，济南，山东人民出版社，2003。

[54] 辛宇、徐莉萍:《投资者保护视角下治理环境与股价对价之间的关系研究》，载《经济研究》，121～133页，2007 (9)。

[55] 修宗峰：《股权集中、股权制衡与会计稳健性》，载《证券市场导报》，40～48 页，2008（3）。

[56] 徐沛、白钦先：《中国股票市场资源配置功能研究》，北京，中国金融出版社，2006。

[57] 许成钢、卡塔琳娜·皮斯托：《执法之外的机制——中俄金融市场的治理》，载《比较》，2003（6）。

[58] 许年行、吴世农：《我国中小投资者法律保护影响股权集中度的变化吗》，载《经济学（季刊）》，893～922 页，2006（5）。

[59] 杨瑞龙、杨其静：《阶梯式的渐进制度变迁模型——再论地方政府在我国制度变迁中的作用》，载《经济研究》，24～31 页，2000（3）。

[60] 姚洋：《地方性创新和泛利性执政党的成功结合》，引自：史正富、张军主编：《走向新的政治经济学》，397～415 页，上海，上海人民出版社，2005。

[61] 姚洋：《中性政府与中国的成功》，载《上海商报》，2008－12－22。

[62] 游家兴、张俊生、江伟：《制度建设、公司特质信息与股价波动的同步性——基于 R^2 研究的视角》，载《经济学（季刊）》，2006（6）。

[63]［美］约翰·V.C. 奈：《关于国家的思考：强制世界中的产权、交易和契约安排的变化》，见：［美］约翰·N. 德勒巴克、约翰·V.C. 奈编，张宇燕等译：《新制度经济学前沿》，北京，经济科学出版社，2003。

[64] 翟林瑜：《经济发展与法律制度——兼论效率、公正与契约》，载《经济研究》，73～78 页，1999（1）。

[65] 翟年祥、项光勤：《政府在后发型国家现代化进程中的主导作用》，载《安徽大学学报》，2008（1）。

[66] 张春霖：《国有企业改革：效率与公平的视角》，载《经济社会体制比较》，2008（4）。

[67] 张汉玉、杜丽虹：《投资人保护的法律环境研究》，载《证券市场导报》，2006（5）。

[68] 张杰：《经济变迁中的金融中介与国有银行》，北京，中国人民大学出版社，2003。

[69] 张杰：《中国国有金融体制变迁分析》，北京，经济科学出版社，1998。

[70] 张亦春、郑振龙:《金融市场学》，北京，高等教育出版社，2003。

[71] 张宇燕:《强化市场型政府乃经济发展之根本》，引自：[美] 曼瑟·奥尔森著，苏长和、嵇飞译:《权力与繁荣》，上海，上海世纪出版集团，2005。

[72] 张育军:《我国资本市场制度设计与制度建设研究》，载《证券市场导报》，4～15 页，2006（9）。

[73] 中国证券监督管理委员会:《中国证券监督管理委员会关于做好 1997 年股票发行工作的通知》，证监 [1997] 13 号。

[74] 中国证券监督管理委员会：《中国证券监督管理委员会年报 2007》，2008。

[75] 中国证券监督管理委员会:《中国资本市场发展报告》，北京，中国金融出版社，2008。

[76] 周其仁:《产权与制度变迁——中国改革的经验研究》，北京，北京大学出版社，2004。

[77] 周业安:《中国制度变迁的演进论解释》，载《经济研究》，3～11 页，2000（9）。

[78] [冰岛] 思拉恩·埃格特森:《经济行为与制度》，北京，商务印书馆，2004。

[79] [德] 柯武刚、史漫飞:《制度经济学——社会秩序与公共政策》，北京，商务印书馆，2000。

[80] [美] Y.巴泽尔著，费方域、段毅才译：《产权的经济分析》，上海，上海三联书店、上海人民出版社，1997。

[81] [美] 埃里克·弗鲁博顿、[德] 鲁道夫·芮切特著，姜建强、罗长远译:《新制度经济学——一个交易费用的分析范式》，上海，上海三联书店、上海人民出版社，2006。

[82] [美] 戴维·J. 格波尔:《20 世纪欧洲的法律与竞争》，冯克利、魏志梅译，北京，中国社会科学出版社，2004。

[83] [美] 道格拉斯·C. 诺斯:《制度、制度变迁与经济绩效》，上海，格致出版社、上海三联书店、上海人民出版社，2008。

[84] [美] 道格拉斯·C. 诺斯著，陈郁、罗华平等译:《经济史中的结构与变迁》，上海，上海三联书店、上海人民出版社，1994。

[85] [美] 道格拉斯·C. 诺斯著，钟正生、邢华等译：《理解经济变迁过程》，北京，中国人民大学出版社，2008。

[86] [美] 李·J. 阿尔斯通、[冰岛] 思拉恩·埃格特森等编，罗仲伟译：《制度变革的经验研究》，北京，经济科学出版社，150～151 页，2003。

[87] [美] 马丁·舒贝克著，王永钦译：《货币和金融机构理论》，上海，上海三联书店、上海人民出版社，2006。

[88] [美] 曼瑟·奥尔森著，苏长和、嵇飞译：《权力与繁荣》，上海，上海世纪出版集团，2005。

[89] [美] 斯蒂格利茨：《"十一五"规划：实用与战略的出色结合》，载《经济学文献译丛》，2006（2）。

[90] [美] 约翰·N. 德勒巴克、[美] 约翰·V. C. 奈编，张宇燕等译：《新制度经济学前沿》，17 页，北京，经济科学出版社，2003。

[91] [美] 约拉姆·巴泽尔著，钱勇、曾咏梅译：《国家理论——经济权利、法律权利与国家范围》，上海，上海财经大学出版社，2006。

[92] [南] 斯韦托扎尔·平乔维奇：《产权经济学——一种关于比较体制的理论》，北京，经济科学出版社，2000。

[93] [日] 青木昌彦著，周黎安译：《比较制度分析》，上海，上海远东出版社，2001。

[94] [英] 约翰·洛克著，赵伯英译：《政府论两篇》，西安，陕西人民出版社，2004。

[95] [英] 约翰·希克斯著，厉以平译：《经济史理论》，北京，商务印书馆，1987。

[96] [美] A. 阿尔奇安，Some Economics of Property Rights. Il Politico 30 (1965)：816～829. 引自：盛洪主编，《现代制度经济学（上卷）》，60～80 页，北京，北京大学出版社，2003。

[97] [美] E. G. 菲吕博腾、S. 配杰威齐：《产权与经济理论：近期文献的一个综述》，原载《经济文献杂志》，1972（10）。引自：[美] R. 科斯、A. 阿尔奇安、D. 诺斯等著：《财产权利与制度变迁——产权学派与新制度学派译文集》，201～248 页，上海，上海三联书店、上海人民出版社，1994。

[98] Acemoglu, Daron and Simon Johnson, Unbounding Institutions, Journal of

Political Economy, 2005, 113 (5): 949 – 995.

[99] Acemoglu, Johnson and Robinson, Institutions as the Fundamental Cause of Long – Run Growth, Handbook of Economic Growth, 2004.

[100] A. Durnev, R. Morck, B. Young, 2001, Does Firm – specific Information in Stock Prices Guide Capital Allocation?, http://www.nber.org/papers/w8093.

[101] A. Durnev, R. Morck, B. Young, and P. Zarowin, Does Greater Firm – Specific Return Variation Mean More or Less Informed Stock Pricing?, Journal of Accounting Research. Vol. 41, No. 5, 2003, pp. 797 – 836.

[102] A. Durnev, R. Morck, B. Young, Value – Enhancing Capital Budgeting and Firm – specific Stock Return Variation, The Journal of Finance, Vol. LIX, No. 1, 2004, pp. 65 – 105.

[103] Alcemoglu, Politics and Economics in Weak and Strong States, http://econ – www.mit.edu/faculty/? prof_ id = acemoglu, 2005.

[104] Alchian, A. A., Some Economics of Property Rights, Il Politico 30., 1965: 816 – 829 (Reprinted. in Economic Forces at Work, Alchian, A. A. (ed). 1977. Liberty Fund: Indianapolis, 127 – 149).

[105] Allen, F., Corporate Governance in Emerging Economies, Oxford Review of Economic Policy, 2005, 21: 164 – 177.

[106] Andrei Shleifer and Daniel Wolfenzon, Investor Protection and Equity Markets, Journal of Financial Economics, 66, 2002, pp. 3 – 27.

[107] Andrei Shleifer and Robert W. Vishny, A Survey of Corporate Governance, NBER Working Paper 5554, 1996.

[108] Barry R. Weingast, 1995, The Economic Role of Political Institutions: Market – preserving Federalism and Economic Development, Journal of Law and Economic, Organization, Vol. 11, No. 1, pp. 1 – 31.

[109] Barry R. Weingast, The Economic Role of Political Institutions: Market – Preserving Federalism and Economic Development, Journal of Law, Economics, and Organization, Vol. 11, No. 1, 1995, pp. 1 – 31.

[110] Bazel Y. Economic Analysis of Property Rights (2nd edn). Cambridge

University Press: Cambridge, 1997.

[111] Brauer, G. A., 1992, Closed - end Mutual Funds, in P. Newman, M. Milgate and J. Eatwell (eds), The New Palgrave Dictionary of Money and Finance, Vol. 1, London: Macmillan.

[112] Brian R. Cheffins, Does Law Matter? The Separation of Ownership and Control in the United Kingdom, The Journal of Legal Studies, Vol. 30, No. 2, pp. 459 -484.

[113] C. Fritz Foley and Robin Greenwood, The Evolution of Corporate Ownership after IPO: The Impact of Investor Protection, NBER Working Paper 14557, http: //www. nber. org/papers/w14557, 2008.

[114] Charles P. Himmelberg, R. Glenn Hubbard and Inessa Love, Investor Protection, Ownership, and the Cost of Capital, World Bank Working Paper 2834, 2002.

[115] Craig Doidge, G. Andrew Karolyi and Rene M. Stulz, Why Do Countries Matter So Much for Corporate Governance?, http: //www. nber. org/papers/w10726, 2004.

[116] Cull, R., et al.. 2008, Formal Finance and Trade Credit During China's Transition, Journal of Financial Intermediation, Volume 18, Issue 2, April 2009, pp. 173 -192.

[117] Daron Acemoglu, A Simple Model of Inefficient Institutions, Journal of Economics, 2006, 108 (4): 515 -546.

[118] Daron Acemoglu, Institutions, Factor Prices and Taxation: Virtues of Strong States?, NBER Working Paper No. 15693, 2010.

[119] Daron Acemoglu, Why Not a Political Coase Theorem? Social Conflict, Commitment and Politics, Journal of Comparative Economics, 31, pp. 620 -652, December 2003.

[120] Demsetz, Harold, Economic, Political, and Legal Dimensions of Competition. Amsterdam: North - Holland, 1980.

[121] Douglass C. North, John Joseph Wallis, Steven B. Webb, Barry R. Weingast, Limited Access Orders in the Developing World: A New Approach to the Prob-

lems of Development, World Bank Working Paper 4359, 2007.

[122] Enrico Perotti and Paolo Volpin, Investor Protection and Entry, Tinbergen Institute Discussion Paper, 07 – 006/2, 2007a.

[123] Enrico Perotti and Paolo Volpin, Politics, Investor Protection and Competition, Working Paper, 2007b.

[124] Franco Modigliani , Merton H. Miller, The Cost of Capital, Corporate Finance and the Theory of Investment, The American Economic Review, Vol. XLVIII, No. 3, 1958, pp. 261 – 297.

[125] Franklin Allen, Jun Qian and Meijun Qian, Law, Finance, and Economic Growth in China, Journal of Financial Economics, Vol. 77, No. 1, 2005, pp. 57 – 116.

[126] Frederic S. Mishkin, The Economics of Money, Banking, and Financial Markets, Addison Wesley Longman, Sixth Edition, 2001.

[127] Galina Hale, Assaf Razin and Hui Tong, Institutional Weakness and Stock Price Volatility, http://www.nber.org/papers/w12127, 2006.

[128] Graciela Laura Kaminsky and Sergio L. Schmukler, Short – Run Pain, Long – Run Gain: The Effects of Financial Liberalization, World Bank Working Paper 2912, 2002.

[129] Greif, A. , Milgrom, P. , and Weingast, Barry. R. , Coordination, Commitment, and Enforcement: The Merchant Guild, Journal of Political Economy, 1994, 102: 745 – 776.

[130] Jeffrey Wurgler, Financial Markets and the Allocation of Capital, Journal of Financial Economics 58, 2000: 187 – 214.

[131] Jongwook Kim and Joseph T, Mahoney, Property Rights Theory, Transaction Costs Theory, and Agency Theory: An Organizational Economics Approach to Strategic Management, Managerial and Decision Economics 26, 2005: 223 – 242.

[132] Katharina Pistor, Patterns of Legal Change: Shareholder and Creditor Rights in Transition Economies, EBRD Working Paper No. 49, 2000.

[133] Kishore Gawande, Pravin Krishna and Marcelo Olarreaga, What Government Maximize and Why: The View from Trade, NBER Working Paper 14953, ht-

tp: //www. nber. org/papers/w14953, 2009.

[134] Kose John, Lubomir Litov and Bernard Yeung, Corporate Governance and Risk - Taking, The Journal of Finance, Vol. LXIII, No. 4, pp. 1679 - 1728, 2008.

[135] Kreps DM. Corporate Culture and Economic Theory. In Perspectives on Political Economy, Alt JE, Shepsle KA (eds). Cambridge University Press: Cambridge; 1990: 90 - 143.

[136] La Porta, Florencio Lopez - de - Silanes, Andrei Shleifer, Robert W. Vishny, Law and Finance, Journal of Political Economy, 1998a, 106 (6): 1113 - 1155.

[137] La Porta, R., Lopez - de - Silanes, F., Shleifer, A., Vishny, R. W., The Quality of Government, NBER Working Paper 6727, 1998c.

[138] Lee Pinkowitz, Rene M. Stulz and Rohan Williamon, Do Firms in Countries with Poor Protection of Investor Rights Hold More Cash?, http: //www. nber. org/papers/w10188, 2003.

[139] Lucian A., Bebchuk and Zvika Neeman, Investor Protection and Interest Group Politics, http: //www. nber. org/papers/w13702, 2007.

[140] Marco Pagano and Paolo Volpin, The Political Economy of corporate Goverance, Amercian Economic Review, 2005b, 95, pp. 1005 - 1030.

[141] Marco Pagano and Paolo Volpin, Shareholder Protection, Stock Market Development, and Politics, CSEF Working Papers 149, 2005a.

[142] Mark L. Defond and Mingyi Hung, Investor Protection and Corporate Governance: Evidence from Worldwide CEO Turnover, Journal of Accounting Research, Vol. 42, No. 2, 2004, pp. 269 - 312.

[143] Michael C. Jensen & William H. Meckling, The Theory of the Firm: Managerial behavior, Agency Costs and Ownership Structure, Journal of Financial Economics, 1976, 3: 305 - 360.

[144] Mike Burkart and Fausto Panunzi, Agency Conflicts, Ownership Concentration, and Legal Shareholder Protection, Journal of Finance Intermediation, 2006: 15: 1 - 31.

[145] North Douglass C, John Joseph Wallis, and Barry R. Weingast, 2006, A

Conceptual Framework for Interpreting Recorded Human History, NBER Working Paper 12795.

[146] North Douglass C, Structure and Change in Economic History, New York: W. W. Norton, 1981.

[147] Paul A. Samuelson, The Pure Theory of Public Expenditure, The Review of Economics and Statistics, Vol. 36, No. 4, 1954, pp. 387 – 389.

[148] Paul R. Milgrom, Douglass C. North and Barry R. Weingast, The Role of Institutions in the Revival of Trade: The Law Merchant, Private Judges, And Champagne Fairs, Economics and Politics, Vol. 2, 1990, pp. 1 – 23.

[149] Pistor, Katharina, Martin Raiser, and Stanislav Gelfer , Law and Finance in Transition Economies, The Economics of Transition, 2000, 8 (2): 325 – 368.

[150] Pistor, Law and Finance in Transition Economies, Economics of Transition, Vol. 8, Issue 2, 2003, pp. 325 – 368.

[151] Rafael La Porta, Florencio Lopez – de – Silanes, Andrei Shleifer and Robert W. Vishny, Legal Determinants of External Fiance, http://www.nber.org/papers/w5879, 1997.

[152] Rafael La Porta, Florencio Lopez – de – Silanes and Andrei Shleifer, Corporate Ownership Around the World, http://www.nber.org/papers/w6625, 1998.

[153] Rafael La Porta, Florencio Lopez – de – Silanes and Andrei Shleifer, What Works in Securities Laws?, Journal of Finance, 2006, 61 (1): 1 – 32.

[154] Rafael La Porta, Florencio Lopez – de – Silanes and Robert Vishny, Investor Protection and Corporate Valuation, http://www.nber.org/papers/w7403, 1999b.

[155] Rafael La Porta, Florencio Lopez – de – Silanes and Robert Vishny, Agency Problems and Dividend Policies Around the World, http://www.nber.org/papers/w6594, 1998b.

[156] Rafael La Porta, Florencio Lopez – de – Shleifer and Robert Vishny, Investor Protection: Origins, Consequences, Reform, http://www.nber.org/papers/w7428, 1999a.

[157] Randall Morck, Bernard Yeung and Wayne Yu, The Information Content of Stock Markets: Why Do Emerging Markets Have Synchronous Stock Price Movements?, Journal of Financial Economics 58, 2000: 215 –260.

[158] Rene M. Stulz, The Limits of Financial Globalization, The Journal of Finance, Vol. lx, No. 4, 2005, pp. 1595 –1638.

[159] Richard Roll, R^2, The Journal of Finance, Vol. XLIII, No. 2, July, 1988, pp. 541 –566.

[160] Rmando Gomes, Going Public without Governance: Managerial Reputation Effects, Journal of Finance, 2000, 55: 615 –646.

[161] Robert C. Merton, An Intertemporal Capital Asset Pricing Model, Econometrica, Vol. 41, No. 5, (Sep., 1973) 1973, pp. 867 –887.

[162] Roe, M. J., Political Determinants of Corporate Governance, Oxford University Press: Oxford, U. K, 2003.

[163] Rui Albuquerue and Neng Wang, Agency Conflicts, Investment, and Asset Pricing, The Journal of Finance, Vol. Lxiii, No. 1, 2008, pp. 1 –40.

[164] Rui Castro, Gian Luca Clementi and Glenn Macdonald, Investor Protection, Optimal Incentives, and Economic Growth, The Quarterly Journal of Economics, August 2004, Vol. 119, No. 3, pp. 1131 –1175.

[165] Simeon Djankov, Rafael La Porta, Florencio Lopez – de – Silanes and Andrei Shleifer, The Law and Economics of Self – dealing, http: //www. nber. org/papers/w11883, 2005.

[166] Steven N. S. Cheung: A Theory of Price Control, Journal of Law and Economics, 17 (No. 1, April): 1974: 53 –71.

[167] Yoram Barzel, A Theory of the State, Combridge University Press, 2002.

后　记

本书的出版得到了山东省政府金融学“泰山学者”专项基金、山东省金融学重点学科建设基金、山东财政学院学位点建设专项基金、山财金融学院学术著作出版基金的资助，在此深表谢意！

本书是在本人的博士论文的基础上加以修改、增补而成的。论文的写作前前后后历经了两年多的时间，其间不乏探索与困惑。论文得以最后完成，除了我个人的努力之外，还离不开诸多师长、领导、同事与朋友的支持。

首先，我要感谢山东大学经济研究中心的黄少安教授及我的导师王天义教授。先生之风，山高水长。他们渊博的学识、儒雅的风度给了我极大的感染，令我心生景仰，并真正理解“腹有诗书气自华”之意。感谢王天义教授在百忙之中对我学业的惦念与关怀；同时，能够有机会聆听黄少安教授的当面教诲，令我倍感幸运，其治学之严谨，令我时时自省，受益良多。

我要深深感谢山东大学经济研究中心的魏建教授。对于魏建教授在我整个论文写作过程中的辛劳付出——从选题酝酿、框架设计、论文写作到后期修改，尤其是他对我的愚钝所表现出的无限忍耐，我铭记于心，在此致以由衷谢忱。

我还要感谢我所在工作单位的领导——山东财政学院金融学院的黄磊院长、鲁效涛书记、宿玉海副院长、安启光副院长、李恩胜副书记，他们对于本书的出版给予了大力的支持与帮助，办公室主任骆莹女士也做了很多细致的工作，在这里一并向他们表示诚挚的感谢。

对于本书中存在的错误与不足之处，诚恳地期待大家的批评指正。

孙　莉

二〇一〇年八月三十日